JN099723

古地図でわかる!

大江戸 まちづくりの不思議と謎

山本博文・監修

Hirofumi Yamamoto

JIPPI Compact

実業之日本社

はじめに

天正一八年（一五九〇）、徳川家康が江戸に入った時は、江戸城は粗末な城で、現在の日比谷地域まで入り江が入りこんでいた。それが一八世紀初頭には、ロンドンやパリなど世界の大都市と肩を並べる百万都市に成長した。本書は、そうした江戸の成立・発展のあり方を古絵図で探っていこうというものである。

第一章「大江戸三〇〇年のまちづくり」では、家康に始まる江戸の町づくりを概観する。江戸城の建設や河川の付け替え、神田川の掘削や内堀・外堀の整備、縦横に張り巡らされた運河、増大する人口のための上水システムの整備など、江戸の町づくりは人工的になされていった。その様相が、各種の古絵図で明らかになる。

第二章「お江戸のしくみとルール」では、江戸近郊の宿場の役割、将軍家菩提寺である増上寺と寛永寺配置の意図、金座と銀座、大木戸と木戸などを概観していく。

第三章「江戸の暮らし～武士編～」では、武士の暮らしを見ていく。江戸城の構造、大名屋敷の配置、町奉行所の構造、武家地の警備施設である辻番、諸国の年貢米が集まる浅草御蔵など、古絵図を参考にすることによって、武士の暮らしが立体的に明らかになる。

第四章「江戸のくらし～町人編～」では、町人の暮らしを見ていく。町屋の特徴である両側町の構造、職人町と町人町、町年寄と町名主、町火消、江戸の医療、盛り場、富士塚など、これも豊富な古絵図によって再現していく。

本書を読めば、江戸の町が高度なシステムによって成り立っていたことが実感できる。江戸城と武家地、町人地や寺社地が計画的に配置され、上水・下水が整備されている。町人の支配は、町奉行―町年寄―町名主―家守という系列で法令伝達や指示がなされ、各町は自治が許されることによって、幕府の支配の末端機構としても機能した。火事の多い江戸を守るために町火消が置かれ、遊廓や岡場所、芝居小屋など武士から庶民まで楽しむ盛り場があった。

豊富に掲載される古絵図を見ながら、江戸の武士や庶民の生活に思いを馳せていただきたいと思う。

東京大学史料編纂所教授
山本博文

古地図でわかる！ 大江戸まちづくりの不思議と謎 【目次】

【第一章】古地図でたどる 大江戸三〇〇年のまちづくり

【第二章】古地図でわかる
お江戸のしくみとルール

【第三章】古地図で読み解く

江戸の暮らし～武士編～

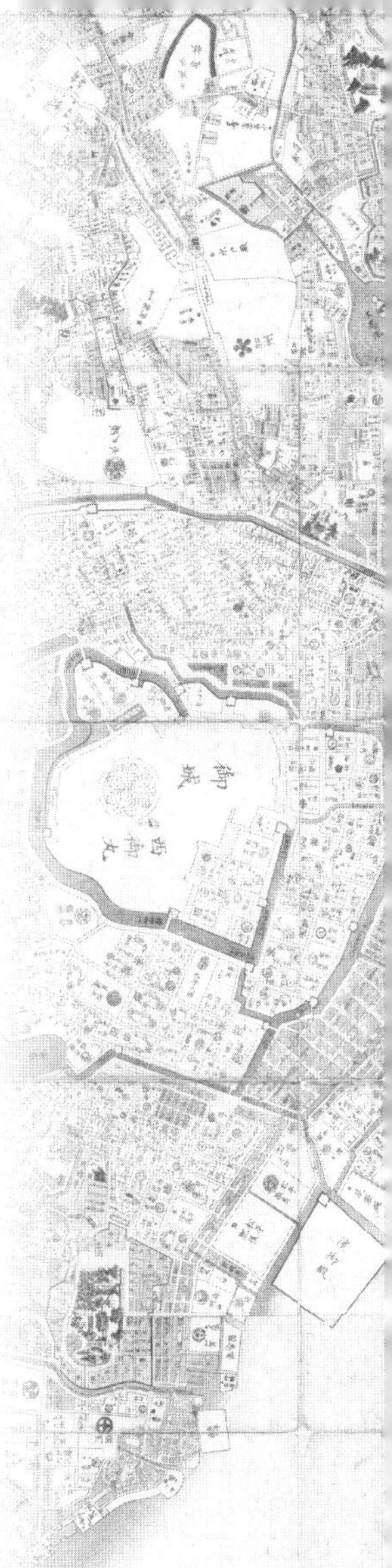

【第一章】　古地図でたどる

大江戸三〇〇年のまちづくり

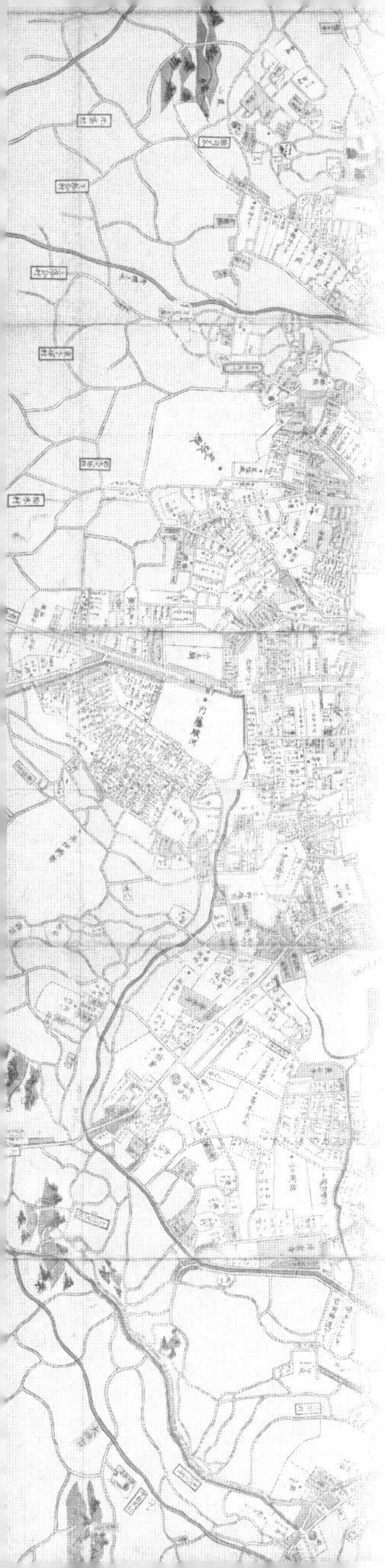

江戸をつくる

家康・秀忠・家光の徳川三代が巨大都市・江戸の基盤を築く

対象エリア

皇居周辺
日本橋
銀座　ほか

●城の周辺には海が広がっていた

約二六〇年以上も繁栄を続け、現代日本の首都・東京の礎《いしずえ》となった江戸。その歴史は、天正一八年（一五九〇）八月一日、徳川家康《とくがわいえやす》が入府したことにはじまる。

当時は江戸城のすぐ近くにまで日比谷入江《ひびやいりえ》（現・皇居外苑、日比谷、新橋周辺）が入り込んでおり、その先には「江戸前島《えどまえしま》」（現・東京駅、有楽町駅周辺）と呼ばれる半島が形成されていた。さらにその東には、様々な物資が行き交う海運の拠点として、江戸湊が発展していた。

一説に、「江の入口」にあたることから、「江戸」という地名が生まれたという。

家康はまず城下への物資輸送ルートを確保すべく、江戸前島の根元に「道三堀《どうさんぼり》」（現・大手町周辺）と呼ばれる舟入堀の開削に着手する。さらには軍事物資である塩の確保のため、関東最大の製塩地であった行徳《ぎょうとく》（現・千葉県市川市）と城下を結ぶために小名木川《おなぎがわ》を開削した。

慶長7年（1602）頃の江戸城

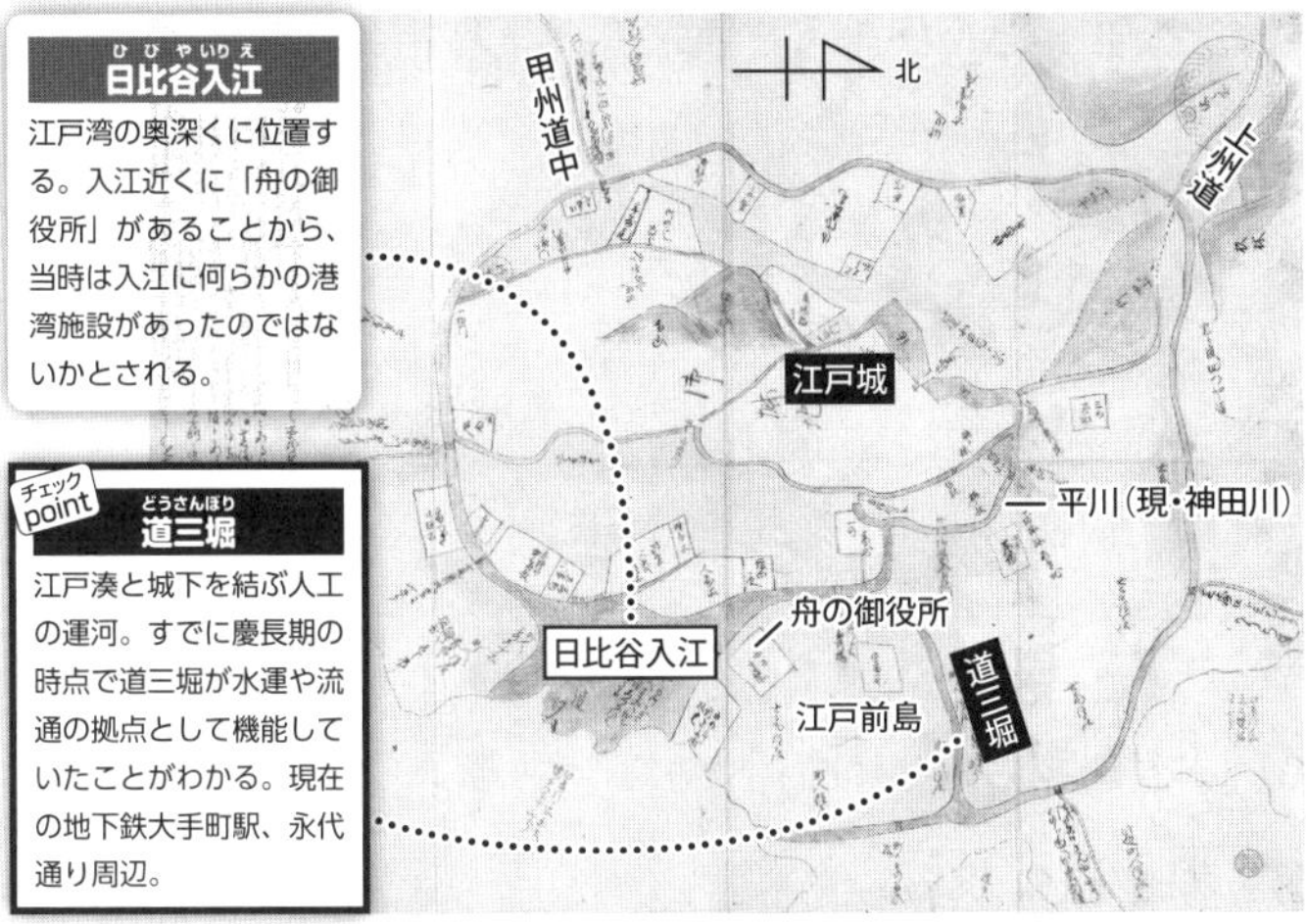
日比谷入江《ひびやいりえ》
江戸湾の奥深くに位置する。入江近くに「舟の御役所」があることから、当時は入江に何らかの港湾施設があったのではないかとされる。
チェック point
道三堀《どうさんぼり》
江戸湊と城下を結ぶ人工の運河。すでに慶長期の時点で道三堀が水運や流通の拠点として機能していたことがわかる。現在の地下鉄大手町駅、永代通り周辺。
北
甲州道中
上州道
江戸城
平川（現・神田川）
舟の御役所
日比谷入江
江戸前島
道三堀

また、それまで日比谷入江に流れていた平川の河口を道三堀に付け替えて、隅田川に流した（日本橋川）。こうして江戸湊と結ばれた城下は、流通の拠点としての機能を持つようになった。

一方、城下には湿地帯が多く、居住地が不足していた。そこで道三堀掘削工事と並行して縦堀、横堀を掘って湿地の排水を促すとともに、その堀土を利用して市街地を造成した。こうして形成されたのが、現在の日本橋本町、日本橋室町周辺である。

●寛永期に完成した城の惣構

もっとも、家康が江戸に入った当時はまだ豊臣秀吉の時代であり、家康自身、上方にいることが多かったので、荒れ果てていた江戸城は修築を施す程度にとどめている。また、配下の武士らが住まう城下町もそれほど大きなものである必要性はなかったため、都市計画というほどの開発はなされなかった。

だが慶長八年（一六〇三）、家康は征夷大将軍の宣下を受けると、江戸を政治・経済の中心地とすべく、諸大名を動員した「天下普請《てんかふしん》」によって城下の大拡張工事に着手した。このとき、石材や木材などの輸送の荷受場となったのは日比谷入江だったが、水深が浅く、あまり舟運には適していなかった。そのため城郭の本格的な工事が進められる中、日比谷入江は神田山（現・駿河台周辺）を切り崩した土で埋め立てられ、諸大名の屋敷地として与えられた。諸大名は国元から多くの労働力を投入すると、賜った屋敷地を干拓し、いわゆる大名屋敷を建設した。

その後、二代将軍・秀忠《ひでただ》の時代の元和二年（一六一六）五月、城の北部を流れる平川の流路を変えるべく、神田と湯島の間が掘削された。こうして東西を流れるようになったのが、現在の神田川である。

神田川は江戸城の事実上の外堀の役割を担い、また、その周辺には浅草平右衛門町や瓦町、神田久衛門町といった新たな町も形成された。

三代将軍・家光の治世には平川の上流部と外堀の溜池とをつなぐ堀が新たに開削され、江戸城の惣構が完成。ここに、初期の江戸城下町ができ上がった。

2代秀忠時代の江戸城下

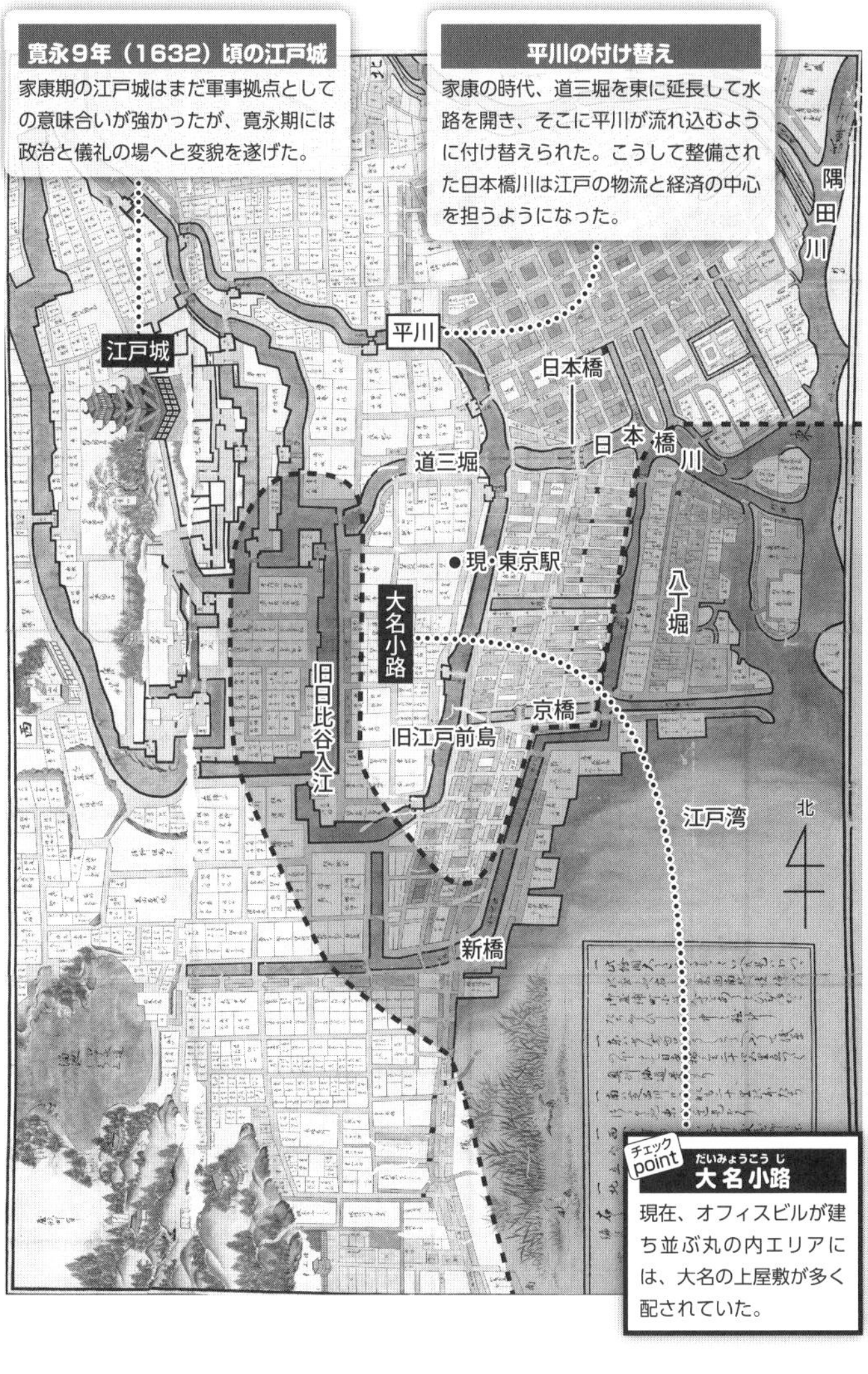
江戸城
平川
日本橋
日本橋川
隅田川
道三堀
●現・東京駅
大名小路
八丁堀
旧日比谷入江
京橋
旧江戸前島
江戸湾
北
新橋

寛永9年（1632）頃の江戸城

家康期の江戸城はまだ軍事拠点としての意味合いが強かったが、寛永期には政治と儀礼の場へと変貌を遂げた。

平川の付け替え

家康の時代、道三堀を東に延長して水路を開き、そこに平川が流れ込むように付け替えられた。こうして整備された日本橋川は江戸の物流と経済の中心を担うようになった。

チェックpoint **大名小路《だいみょうこうじ》**

現在、オフィスビルが建ち並ぶ丸の内エリアには、大名の上屋敷が多く配されていた。

城の
しくみ①

将軍とその家族が住んだ江戸城、内部はいったいどうなっていた？

対象エリア
皇居周辺

●本丸周辺の構成

江戸城の内郭は、本丸、二の丸、三の丸、西の丸などの曲輪《くるわ》群から構成されていた。その中心となる本丸は、本丸御殿と天守から構成される。本丸御殿は、江戸幕府の政庁兼将軍の住居である。御殿内はさらに、公的な行事や役人の執務の場である「表《おもて》」、将軍の生活の場である「中奥《なかおく》」、将軍の御台所《みだいどころ》（正室）が住む「大奥《おおおく》」という三つの区域に大別された。

また、三代家光の時代まで天守が堂々たる威容でそびえていたが、明暦の大火（P30）で焼失したあとは再建されなかった。

本丸から白鳥濠《はくちょうぼり》を隔てたところにある二の丸には、二の丸御殿が置かれた。六代家宣《いえのぶ》の御台所・天英院《てんえいいん》や九代家重《いえしげ》が元服前と大御所時代に過ごすなど、将軍の別宅のような使われ方をした一方で、前将軍の御手付中臈《おてつきちゅうろう》（側室）が晩年に生活を送る場としても使われていたという。

江戸城内郭の構造

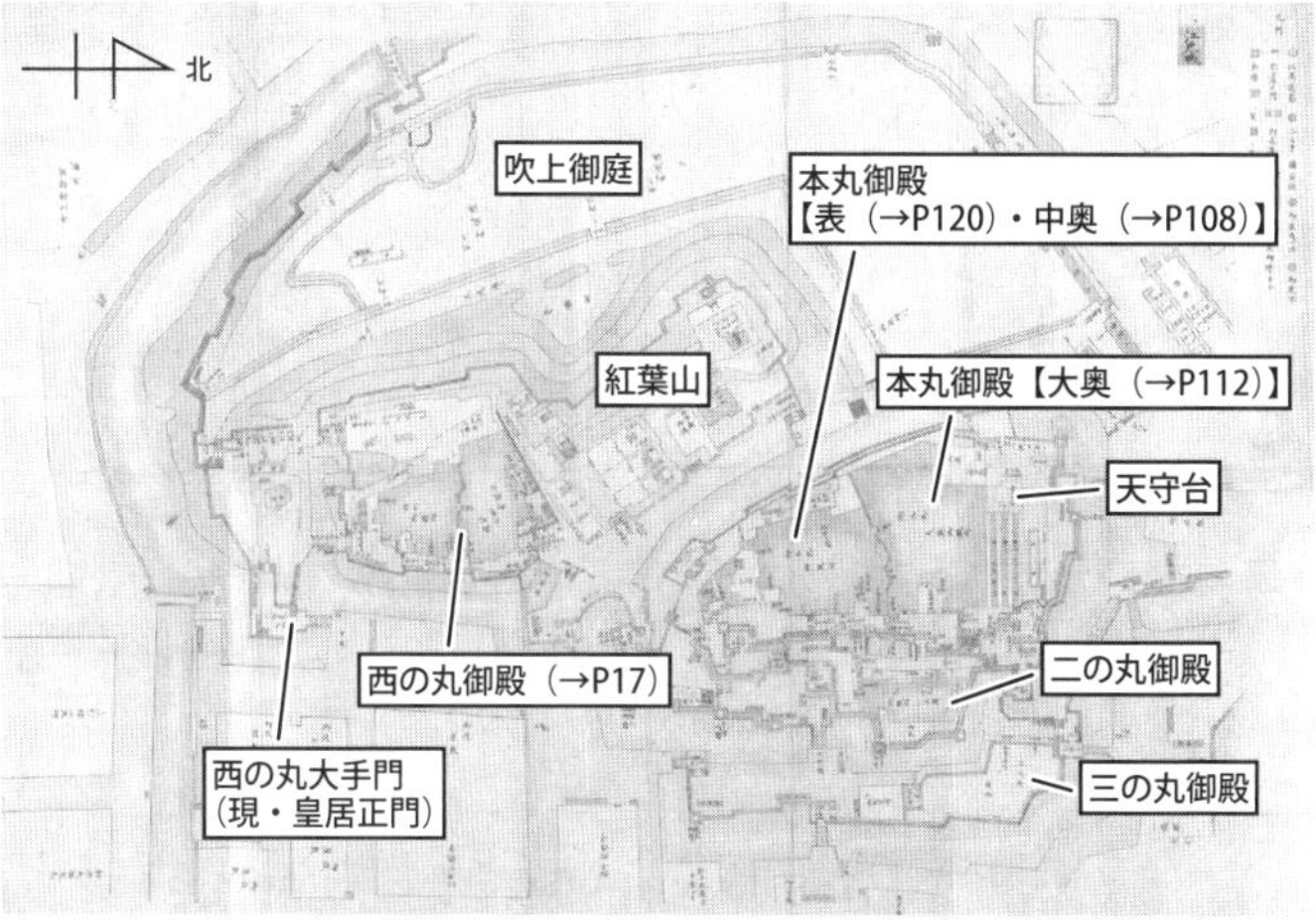
北
吹上御庭
本丸御殿
【表（→P120）・中奥（→P108）】
紅葉山
本丸御殿【大奥（→P112）】
天守台
西の丸御殿（→P17）
二の丸御殿
西の丸大手門
（現・皇居正門）
三の丸御殿

三の丸に設けられた三の丸御殿は、五代綱《つな》吉《よし》の幼少期の住居などとして使われたが、その後はあまり利用されることがなかったといわれる。

●西域の構成

西の丸には、西の丸御殿や紅葉山《もみじやま》、吹上《ふきあげ》御《お》庭《にわ》などがあった。西の丸御殿は前将軍や将軍の世子が住まう場所であり、本丸御殿よりは規模が小さいものの、表と中奥、大奥で構成されていた。

なお、江戸城は明治維新後、明治天皇の宮城となり、以降、皇居として利用されたが、このとき皇居となったのは本丸御殿ではなく、西の丸御殿である。本丸御殿は文久三年（一八六三）六月に焼失しており、以降、再建されなかったためだ。幕末、将軍が住まいとしていたのも元治元年（一八六四）に仮御殿として建築された西の丸御殿であった。

紅葉山には、家康を祀った東照宮《とうしょうぐう》をはじめ、歴代将軍の廟所《びょうしょ》が置かれた。明治維新後、霊廟は徳川宗家を継いだ家達《いえさと》によって駿府《すんぷ》の久能山《くのうざん》東照宮に移され、紅葉山は新政府によって破却された。

吹上御庭の場所には、もともと武家屋敷や幕府の施設が建ち並んでいた。だが明暦の大火後、火除地を確保するために武家屋敷を郭外へと移転。宝永五年（一七〇八）から本格的な庭園の整備がはじまり、宝永七年（一七一〇）、吹上御庭が造営された。庭園内には玉《たま》川上水《がわじょうすい》から引かれた水で泉水が設けられ、池の周囲には茶屋や腰掛《こしかけ》（休憩所）が配された。

八代吉宗《よしむね》の時代には、吹上御庭に砂糖の製造所や、甘藷《かんしょ》・朝鮮人参などの栽培所、天体観測を行なう天文所など様々な施設が設けられた。だが一一代家斉《いえなり》の時代に諸施設はほとんど撤去されて遊覧の場として新たに整備し直され、主に将軍やその家族が四季の移ろいを楽しむ場とされた。なお、庭園の維持・管理を担当したのは吹上奉行で、庭園内に吹上役所が設置されている。

西の丸から堀を隔てた場所に位置する西の丸下には、老中などの屋敷が建ち並んだ。

幕末の西の丸御殿の構造

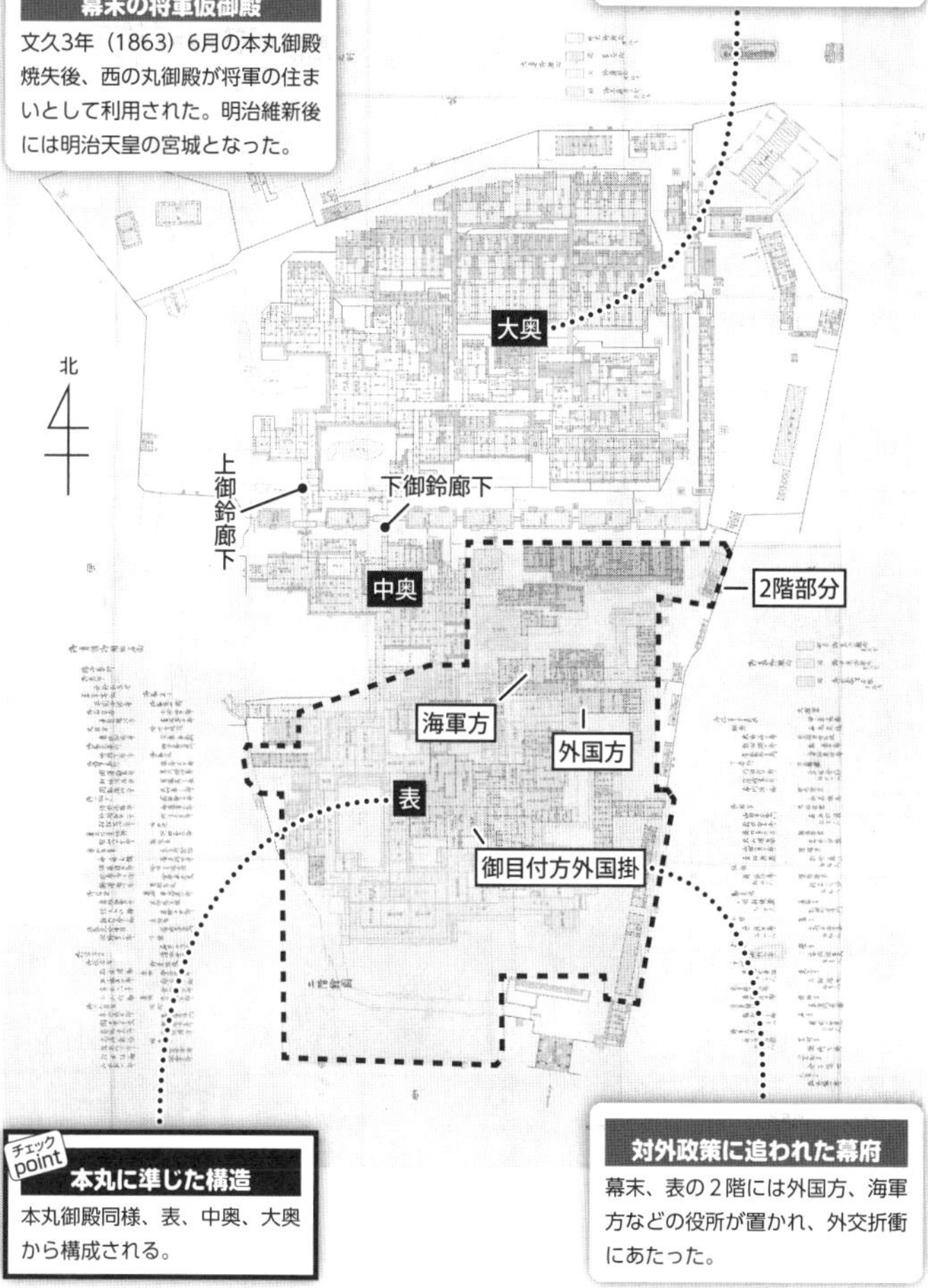
大奥
北
上御鈴廊下
下御鈴廊下
中奥
2階部分
海軍方
外国方
表
御目付方外国掛

大奥

将軍世子、大御所（前将軍）の正室・側室、奥女中などが生活を送った。

幕末の将軍仮御殿

文久3年（1863）6月の本丸御殿焼失後、西の丸御殿が将軍の住まいとして利用された。明治維新後には明治天皇の宮城となった。

チェックpoint **本丸に準じた構造**

本丸御殿同様、表、中奥、大奥から構成される。

対外政策に追われた幕府

幕末、表の2階には外国方、海軍方などの役所が置かれ、外交折衝にあたった。

城のしくみ②

通行人や物の動きを厳しく監視した江戸城の「三十六見附」

対象エリア
皇居周辺
四ツ谷
神田　ほか

●要衝に設置された城門

江戸城防衛のため、城の内郭、外郭には多くの城門が設置された。しばしば「三十六見《み》附《つけ》」と呼ばれるが、実際はそれ以上存在していた。

城門は戦略上、要衝の地に置かれる。たとえば、中山道筋《なかせんどうすじ》には筋違橋門《すじかいばしもん》、東海道《とうかいどう》筋には幸橋《さいわいばし》門、甲州道中《こうしゅうどうちゅう》筋には四谷《よつや》門、日光《にっこう》道中筋には浅草橋《あさくさばし》門といった具合である。これら要所の見附は二重構造の桝形《ますがた》門となっており、攻撃と防御の機能を兼ね備えていた。

見附には番所が設置され、警固の武士が昼夜詰めた。日常的に人や物資の出入りが多い交通の要所でもあったことから、通行する人々や物資を監視する役割を担ったのである。

なかでも城の正門にあたる大手門はもっとも重視されていたことから、一〇万石以上の譜代《ふだい》大名が見附役をつとめている。そのほか、内桜田《うちさくらだ》門は五～一〇万石の譜代大名、西の丸大手門は五～一〇万石の譜代大名、和田倉《わだくら》門は二～三万石の譜代大名、神田橋《かんだばし》門は四～六万石の外様大名、虎《とら》ノ門・筋違橋門・浅草橋門は五〇〇〇石以上の旗本が見附役を担当する

江戸城に設置された主な城門

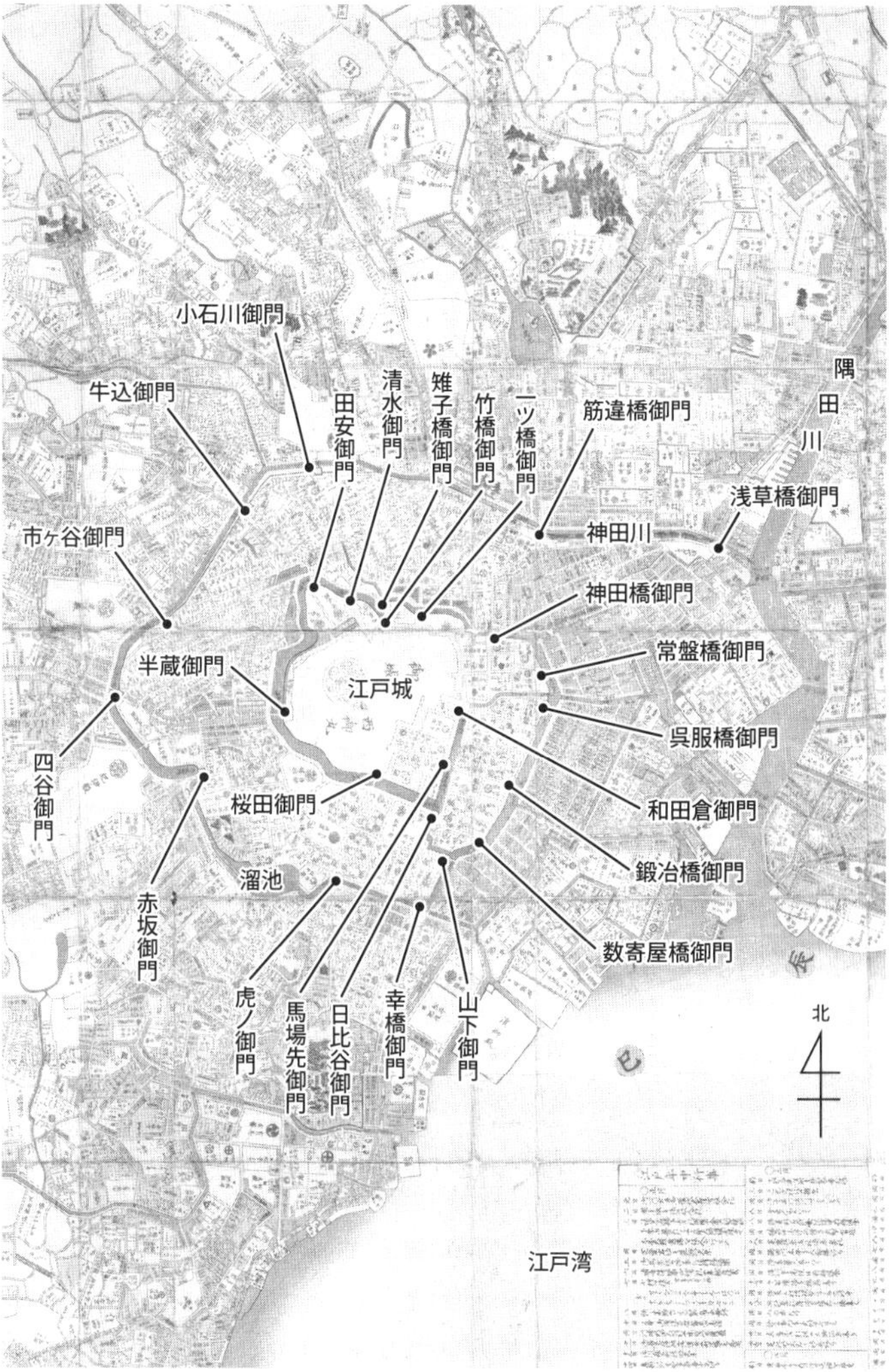
小石川御門
牛込御門
田安御門
清水御門
雉子橋御門
竹橋御門
一ツ橋御門
筋違橋御門
隅田川
浅草橋御門
神田川
市ヶ谷御門
神田橋御門
常盤橋御門
半蔵御門
江戸城
呉服橋御門
四谷御門
桜田御門
和田倉御門
鍛冶橋御門
溜池
赤坂御門
数寄屋橋御門
虎ノ御門
馬場先御門
日比谷御門
幸橋御門
山下御門
北
江戸湾

など、諸門の警備が厳重になされた。門番の年限は三年とされた。

警備する武士の装備については門によってばらつきがあるが、大手門の場合は馬上九人、徒侍三人、弓一〇張、槍二〇本、鉄砲二〇挺、提灯三〇、内桜田門の場合は馬上七人、徒侍二人、弓一〇張、槍一〇本、鉄砲一五挺、提灯二五などと定められていた。

城門の大扉は明六ツ（午前六時頃）に開け放たれ、暮六ツ（午後六時頃）に閉められた。大扉の脇には小扉が備えられていたが、それも夜九ツ（午前〇時頃）には完全に閉ざされ、たとえ大名であっても通行することはできなかった。

ただし、城門は敵の侵攻を妨げるものであったことから、一般庶民の通行に支障をきたす面もあった。そのため明治維新後、明治政府は早々に城門の破却に乗り出し、明治六年（一八七三）までに外郭のすべての城門が撤去された。

こうして江戸時代の城門は東京の町から漸次姿を消していくことになるが、田安《たやす》門（一六三六年の創建）や清水《しみず》門（一六五八年の再建）、外桜田門（現存の門は一六六三年に再建されたものが元になっている。一八七一年に一時撤去されたが、その後再建。関東大震災で一部破損したが、復元された）が重要文化財に指定されるなど、現在も江戸城の痕跡が皇居周辺に残されている。また、ＪＲ秋葉原駅近くにある万世《まんせい》橋は、筋違橋門の石垣を転用してつくられたものである。

現存する外桜田門。昭和36年（1961）、国の重要文化財に指定された。

筋違橋門は明治５年（1872）に撤去されたが、その石垣を利用して万世橋が架けられた。

江戸の交通①

すべての道は日本橋に通ず！五街道を掌握して全国を統轄した幕府

対象エリア
日本橋　ほか

●順次整備されていった街道

江戸時代の主要な街道であった五つの街道・東海道、中山道、日光道中、奥州《おうしゅう》道中、甲州道中を「五街道」という。日本橋を起点とし、東海道と中山道は江戸と京都を、日光道中は江戸と日光東照宮を、甲州道中は江戸と甲府《こうふ》を結んだ。奥州道中は宇都宮宿で日光道中と分岐して陸奥白河《むつしらかわ》へ通じた。

もっとも、これらの五街道は一度に整備されたものではなかった。東海道の宿駅が定められたのは慶長六年（一六〇一）、中山道の宿駅が定められたのはその翌年のことであった。以降、日光道中、奥州道中、甲州道中にも順次、宿駅が指定されていったのである。

また、日本橋が起点とされたのは慶長九年（一六〇四）二月四日のことで、その際に各街道に一里塚《いちりづか》が設置された。なお一里の距離は三六町（約三・九キロメートル）とされた。『徳川実紀』によると、二代将軍秀忠が「塚にはよい木を用いよ」と言ったのを、惣督した大久保長安《おおくぼながやす》が「榎《えのき》」と聞き間違えて植えたことで、以降、一里塚には榎が植えられるよう

日本橋を起点として整備された五街道

中山道

内陸部を進み、草津宿（滋賀県）で東海道と合流する。街道沿いに計69宿置かれた。

日光道中

日本橋から日光までの街道沿いに計21宿置かれた。

奥州道中

宇都宮宿から陸奥白河までの街道沿いに計10宿設置された。

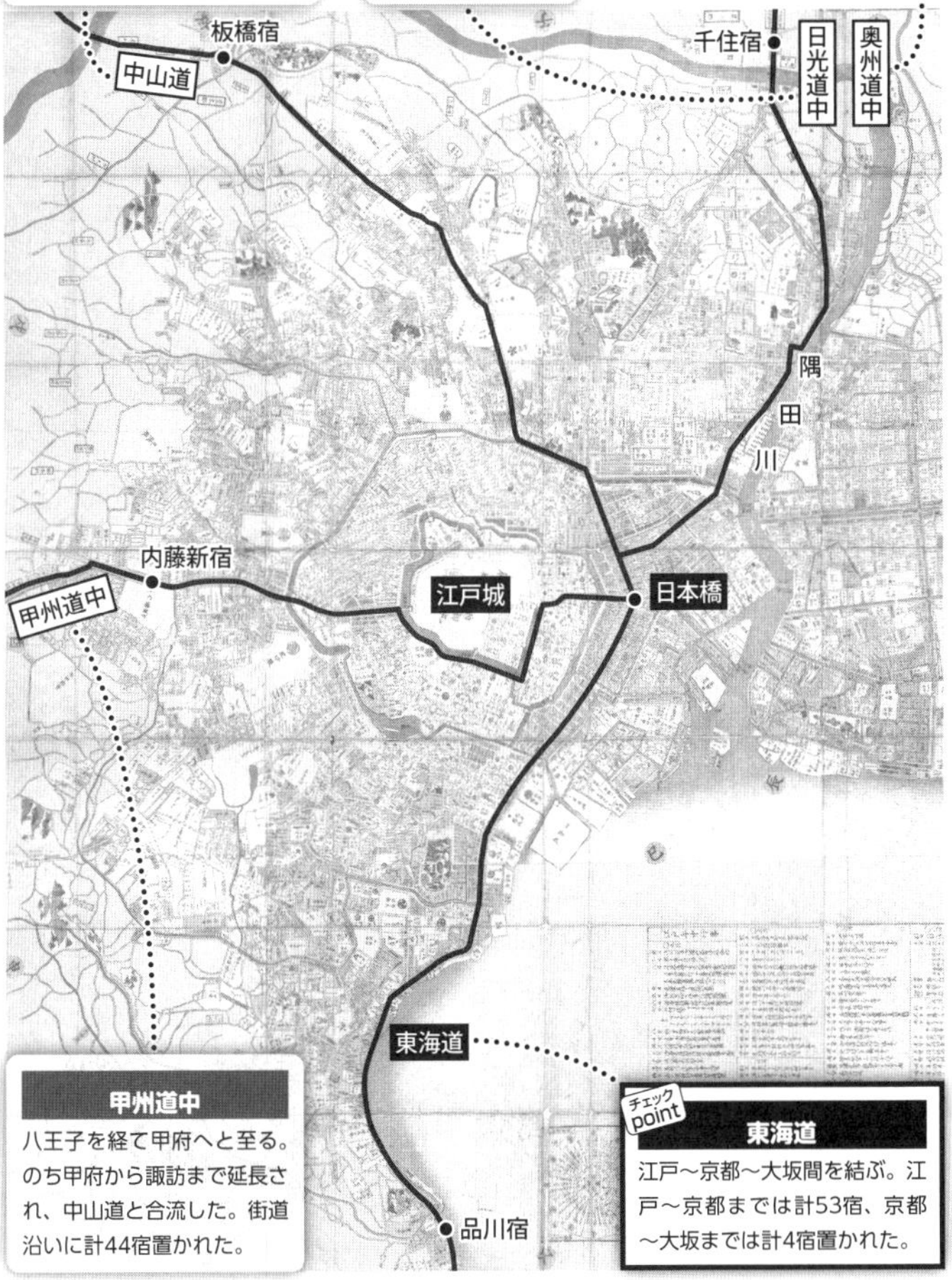

板橋宿
中山道
千住宿
日光道中
奥州道中
隅田川
内藤新宿
甲州道中
江戸城
日本橋
東海道
品川宿

甲州道中

八王子を経て甲府へと至る。のち甲府から諏訪まで延長され、中山道と合流した。街道沿いに計44宿置かれた。

チェックpoint

東海道

江戸〜京都〜大坂間を結ぶ。江戸〜京都までは計53宿、京都〜大坂までは計4宿置かれた。

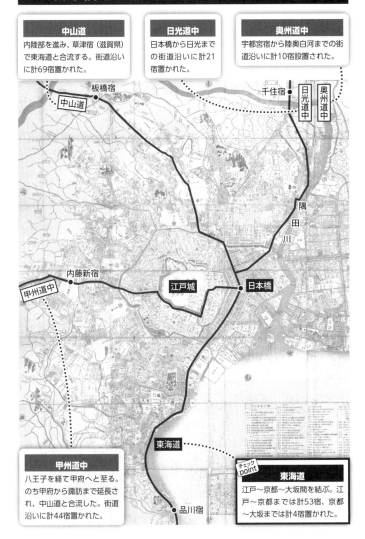

になったのだという。

五街道の中でも、とくに重視されたのは東海道だった。江戸―京都間の総道程は一二五里一二町（約五〇二キロメートル）。その途中に宿場が五三置かれていたことから、「東海道五十三次」と呼ばれた。参勤交代の大名行列や商人、旅人など様々な人が行き来し、一つの宿場町において一日に三〇〇〇以上もの人が通行したという。

●街道の掌握

徳川幕府が全国を支配するにあたり、交通網の掌握は必要不可欠な政策だった。江戸開府以前から家康が交通網の統轄と整備に乗り出していることを見ても、その重要性がうかがえよう。

五街道は軍事上、重要な位置を占めていたことから幕府の直轄とされ、万治二年（一六五九）に設置された道中奉行《どうちゅうぶぎょう》（大目付《おおめつけ》が兼任）が管理にあたった。元禄一一年（一六九八）には二人体制となり、大目付と勘定《かんじょう》奉行が兼任した。たとえ宿場町が藩領にあったとしても、交通については原則、幕府の指示に従う必要があった。

一方、五街道とそれに付属する街道以外の街道は、勘定奉行の支配下に置かれた。これを脇往還《わきおうかん》という。脇往還のうち、とくに交通量が多かったのは伊勢路《いせじ》である。東海道の四《よっ》

五街道の起点となった日本橋。早朝には江戸を出立する人と見送る人とで大いに賑わいを見せた（『東海道五拾三次　日本橋・朝之景』広重）。

日市《かいち》宿で分岐し、三重《みえ》の神戸《かんべ》から伊勢神宮までを結ぶ道で、神宮参拝に向かう人々で賑わいを見せた。

毎年九月に行なわれる伊勢神宮の神嘗《かんなめ》祭《さい》に際し、京都朝廷から幣帛《へいはく》を奉納するために遣わされた伊勢例幣使《れいへいし》もこの道を利用した。

また、江戸の防衛と治安維持のため、街道の要所には自然の要害を利用して関所が設置された。その数は全国で五〇以上にのぼったという。関所を通行する際は、男性は往来手形、女性と武器を運ぶ者は関所手形の掲示が義務づけられており、手形の不所持や裏道を通って関所を避けようとした者は、関所破りとして刑罰が科せられた。

江戸の交通②

徳川幕府の威光を示す？日本橋に仕掛けられた巧妙なカラクリ

対象エリア

日本橋

●江戸最大の繁華街・日本橋

江戸城下町の中心といえば、何といっても日本橋である。慶長八年（一六〇三）、征夷大将軍の宣下を受け、江戸に幕府を開いた徳川家康が町割りを行なうとともに最初に手掛けた橋で、欄干《らんかん》には擬宝珠《ぎぼし》が施された。江戸市中において、江戸城門の橋以外に擬宝珠を持つのは日本橋と京橋、新橋のみである。なお、当時は木造の太鼓橋《たいこばし》だった。

また、慶長九年（一六〇四）には五街道の起点とされ、日本橋周辺にも魚河岸をはじめとした多くの河岸が設置されたことから、水陸交通の要衝として常に大勢の人で賑わいを見せた。

一方、歌川広重《うたがわひろしげ》の『東都名所「日本橋真景并ニ魚市全図《しんけいならび》」』や葛飾北斎《かつしかほくさい》の『冨嶽《ふがく》三十六景「江戸日本橋」』など錦絵にも数多く描かれているように、日本橋は江戸を代表する観光スポットでもあった。

当時は日本橋の上から、北に寛永寺《かんえいじ》や筑波山《つくばさん》、西に江戸城、南西に富士山、南に江戸湾

日本橋が現在の石造二重アーチ橋となったのは明治44年（1911）のこと。平成11年(1999)、国の重要文化財に指定された。

を見晴らすことができたという。

●ランドマークと日本橋の関係

では、なぜ日本橋は現在の場所に架けられたのだろうか。

建築史家の桐敷真次郎《きりしきしんじろう》氏によると、家康は日比谷入江を埋め立てて新たな町割りを創出するにあたり、通《とお》り町筋《ちょうすじ》では北の筑波山を、本町通《ほんまちどおり》や駿河町《するがちょう》では南西の富士山をランドマークとして取り込むという景観を意図した都市設計を行なった。これを「山当《やまあ》て」という。そのほかにも神田山や愛宕山《あたごやま》、寛永寺、増上寺《ぞうじょうじ》などの台地も、同じく町割りの基軸になっていたということである。これに加え、排水の便をよくするために、微高地であった江戸前島の尾根筋に通り町筋が設定されるなど、都市計画のベースとなるもともとの自然の凸凹地形が加味された。

　こうした様々な要素が複合的に重なり合った結果、現在の位置に日本橋が架けられたのではないかと推測されている。

　また、日本橋が掛かる日本橋川が「へ」の字形に曲がっているのにも、家康の壮大な構想が秘められていると法政大学名誉教授の陣内秀信《じんないひでのぶ》氏は指摘する。江戸湾から隅田川、そして日本橋川を通じて江戸城下に入ってくる船は、ちょうど江戸橋辺りで江戸城の絢爛豪華な天守と、日本一の霊峰・富士山を眼前に仰ぐこととなる。江戸をはじめ天下を治める徳川家の権勢をまざまざと見せつけるこの巧妙な仕掛けに、当時の人々は思わず息を呑んだことであろう。

　その後、日本橋が現在の石造二重アーチの橋となったのは、明治四四年（一九一一）のことだった（二〇代目にあたる）。橋柱にある、「日本橋」という文字が彫られた銘板は、江戸幕府最後の将軍・徳川慶喜《よしのぶ》の筆によるものである。平成一一年（一九九九）には、現役の国道道路橋としては初めて重要文化財に指定された。

　また、日本橋は明治以降も国道の起点とされた。現在も橋の中央に「日本国道路元標」が埋められており、北詰の広場にはそのレプリカが展示されている。

方位を考慮して築かれた江戸城

筑波山
江戸城の鬼門の方角にあることから、徳川家康は筑波山を江戸鎮護の霊山として崇め、筑波山神社を建立した。当時は日本橋からもその威容をうかがうことができた。
至筑波山
神田明神
日本橋から中山道・日光道中の軸線上に神田明神は移された。
寛永寺
隅田川
神田明神
江戸城
日本橋川の延長線上に江戸城天守がある。
中山道・日光道中
江戸城
日本橋
日枝神社
日本橋川
京橋
東海道
至富士山
増上寺
江戸湾
チェック point
富士山
江戸の城下町を築く際、徳川家康のブレーンであった天海僧正は富士山を江戸の北を守る「玄武」に置き換えて江戸を四神相応の地にしようとしたといわれる。

江戸の町域

「明暦の大火」前と後で江戸城下町はどのように変わった？

対象エリア
本所
深川　ほか

●江戸を襲った大火

三代家光の時代の寛永期（一六二四〜四四年）に一応の完成を見た江戸城下町であったが、明暦三年（一六五七）正月一八日から二〇日にかけて起こった「明暦の大火」により、城下町の風景は一変した。

火元は、江戸城北方の本妙寺《ほんみょうじ》。折からの強い北西風に煽られた炎は瞬く間に周辺の町屋敷に燃え移り、湯島、浅草、日本橋、佃島など広範囲のエリアが焼失した。さらに正月一九日昼前、新鷹匠町《しんたかじょう》（現・文京区小石川三丁目）の武家屋敷から出火し、江戸城とその周辺の大名屋敷が焼失。同日夕刻にも麹町五丁目の町屋敷から出火し、火災範囲は芝など江戸南部へ拡幅した。江戸市中のじつに六割以上が焼き尽くされ、死者一〇万といわれる大惨事となってしまったのである。最終的に鎮火したのは、二〇日午前八時頃のことであった。出火の原因が本妙寺で行なわれた「振袖供養」にあったことから、「振袖火事」とも呼ばれる。

明暦の大火前の江戸城下

紀伊徳川家上屋敷
江戸城
水戸徳川家上屋敷
尾張徳川家上屋敷
日本橋
隅田川
御三家上屋敷
明暦の大火以前、徳川御三家の上屋敷は江戸城内吹上にあった。
チェックpoint
未開発エリア
明暦の大火以前、隅田川には千住大橋以外の橋はなく、隅田川東岸は未開発だった。

この空前の大火災により、幕府は江戸の再構築を余儀なくされる。

まず幕府は防火対策の一環として火除地《ひよけち》を創出するべく、それまで郭内にあった御三家の上屋敷や大名屋敷、武家地を郭外へと移した。このときに移転させられた大名家は一〇〇を超えたという。諸大名には上屋敷・中屋敷のほか、災害時の避難所として江戸郊外に下屋敷が与えられた。

また、三宅坂上にあった日枝《ひえ》山王社《さんのうしゃ》を現在地（千代田区永田町二丁目）に、日本橋横山町にあった西本願寺を現在地（中央区築地三丁目）に、神田駿河台にあった吉祥寺を現在地（文京区本駒込三丁目）に移すなど、それまで外郭内にあった寺院も外堀の外や新開地へと強制的に移転させた。

●拡大していく江戸の町域

次に武家地・町人地を拡充すべく、万治二年（一六五九）、それまで防衛上の理由で千住大橋しか架けられていなかった隅田川に大橋（両国橋）を架橋し、本所・深川の開発を進めた。隅田川以東にまで町域を拡大することで、移転に伴う武家地・町人地を確保するとともに、江戸市中の密度を下げて延焼を防ごうとしたのである。竪川《たてかわ》や北十間川《きたじっけんがわ》、横川《よこかわ》、横十間川《よこじっけんがわ》といった掘割が開削され、その残土で盛土を行ない、市街地が造成された。寛文期（一六六一～七三年）には武家地や町人地として下賜され、新たに江戸の領域に組み込まれていった。五代綱吉の治世下には新大橋と永代橋が隅田川に架けられ、江戸の市街地はさらに拡張した。

また、防火用の空き地を確保するため、江戸の町人を強制的に立ち退かせて武蔵野に移住させた。このとき、吉祥寺門前町の住人が「吉祥寺村（現・東京都武蔵野市）」、神田連《れん》雀《じゃく》町の住人が「連雀新田（現・東京都三鷹市）」を開くなど、明暦の大火は武蔵野一帯の新田開発を進展させる契機にもなった。

一方、江戸近郊の駒込《こまごめ》村などの農村地帯も武家地や町人地、寺社地として取り込まれることとなり、明暦の大火以前の時点で三七四だった町の数は、享保四年（一七一九）の時点で九三三にまで拡大した。

明暦の大火後の江戸城下

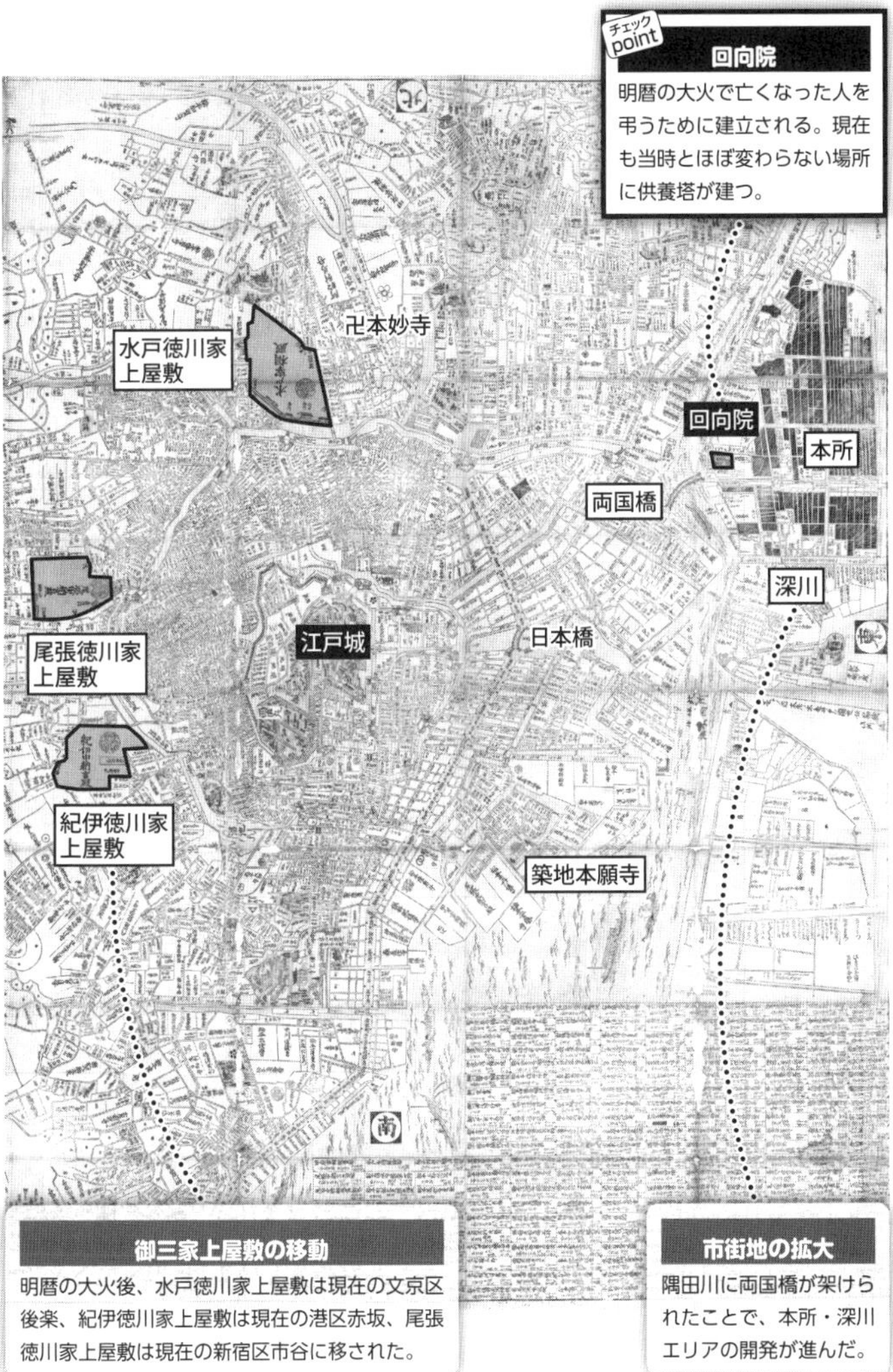

チェック point
回向院
明暦の大火で亡くなった人を弔うために建立される。現在も当時とほぼ変わらない場所に供養塔が建つ。
卍本妙寺
水戸徳川家上屋敷
回向院
本所
両国橋
深川
江戸城
日本橋
尾張徳川家上屋敷
紀伊徳川家上屋敷
築地本願寺

御三家上屋敷の移動

明暦の大火後、水戸徳川家上屋敷は現在の文京区後楽、紀伊徳川家上屋敷は現在の港区赤坂、尾張徳川家上屋敷は現在の新宿区市谷に移された。

市街地の拡大

隅田川に両国橋が架けられたことで、本所・深川エリアの開発が進んだ。

江戸の防災

火災防止のために設けられた空き地が江戸最大の遊興の場へと変貌を遂げる

対象エリア
両国
上野　ほか

●両国橋広小路の発展

明暦の大火後、幕府は火災に強い町づくりを推進した。江戸市中に火除地を設定し、両国橋のたもとや寛永寺の参道などの道路の幅員を拡げて広小路《ひろこうじ》を設置したのも、その一環である。

防火対策に関連してつくられたものであるため、当然、これらの空き地に恒常的な建物を置くことは禁じられた。だがすぐに撤去できる建物であれば建設の許可が下りたため、火除地や広小路には仮設の見世物小屋や露店が建ち並ぶようになり、盛り場として発展するようになった。

とくに両国橋は一日に二万人以上もの人々が往来したといい、江戸市中でも一、二を争う交通量だった。そういった場所に商人が目をつけたのは当然といえるだろう。一八世紀半ば以降、両国橋の両側に置かれた広小路には「おででこ芝居」や「三人兄弟芝居」などの小芝居を見せる見世物小屋をはじめ、水茶屋《みずちゃや》や髪結床《かみゆいどこ》、矢場《やば》（私娼である矢場女が置か

寛永寺参道に設置された火除地

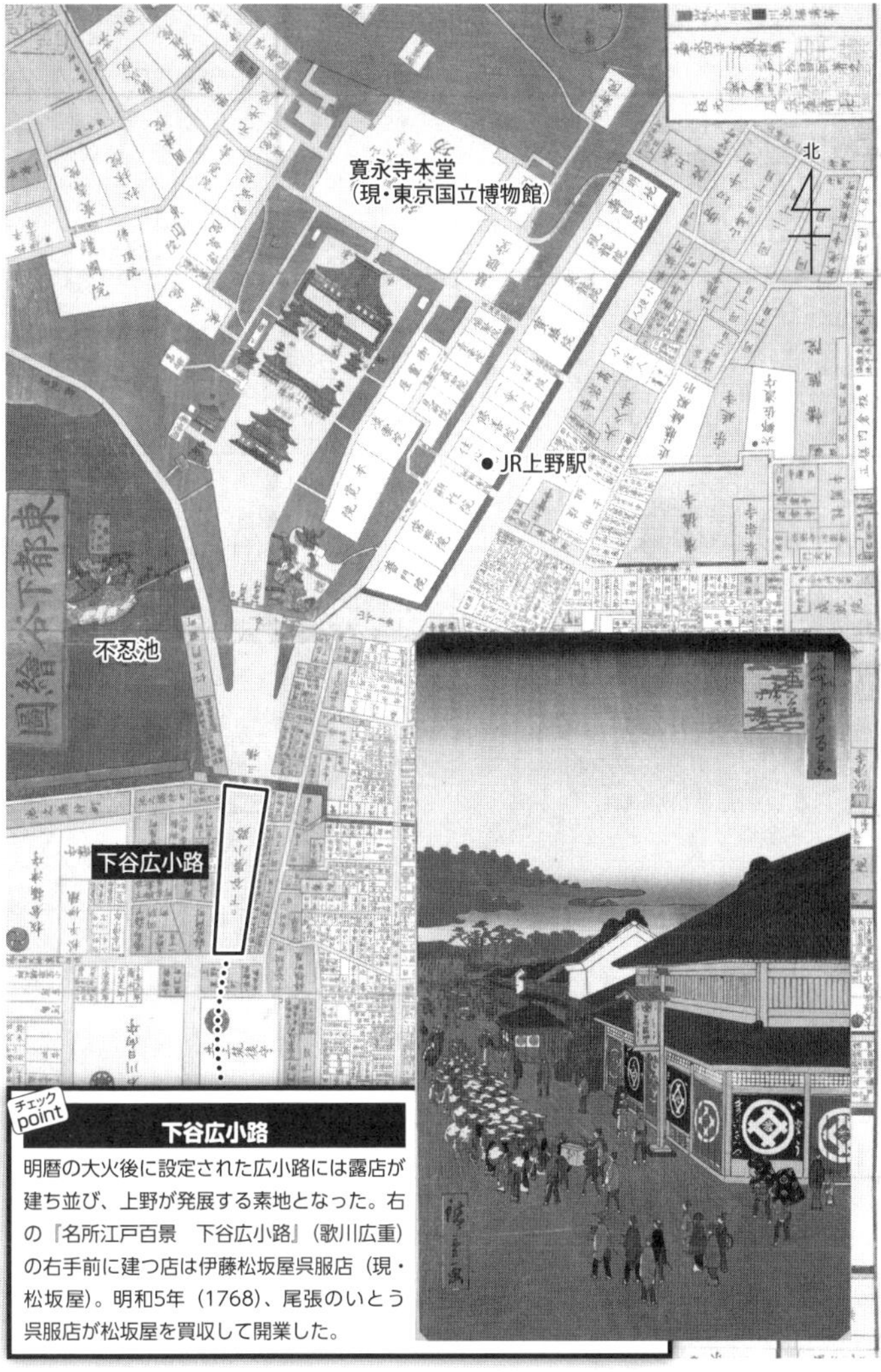

寛永寺本堂
（現・東京国立博物館）
北
JR上野駅
不忍池
下谷広小路

チェック point

下谷広小路

明暦の大火後に設定された広小路には露店が建ち並び、上野が発展する素地となった。右の『名所江戸百景　下谷広小路』（歌川広重）の右手前に建つ店は伊藤松坂屋呉服店（現・松坂屋）。明和5年（1768）、尾張のいとう呉服店が松坂屋を買収して開業した。

れた）など、じつに多くの店が建ち並んだ。それに加え、江戸っ子が好んだ寿司やてんぷら、うなぎなどの屋台、スイカ売り、朝顔売りなどの行商人、コマ回しや猿回しなどを行なう大道芸人も多く集まったという。

享保年間（一七一六～三六年）に隅田川の川開き（旧暦五月二八日から八月二八日まで）の余興として花火が打ち上げられるようになると、両国橋一帯にはより一層人が集まるようになり、江戸最大の遊興の場として発展を遂げた。川開きの期間中は隅田川を屋形船や、酒や料理を売るウロウロ舟など多くの船が行き交い、川面が船で埋め尽くされるほどであったという。ただし、火除地に人が住むことだけは許されていなかった。

●下谷広小路の賑わい

寛永寺の参道に設定された下谷《したや》広小路（現在の上野公園の入口から、松坂屋新館北側付近まで）も、もともとは寛永寺の門前町にあたっていたことから常に人通りが絶えない場所だった。そこに仮設の床店《とこだな》や茶見世《ちゃみせ》、よしず張の小屋などが軒を連ね、寛永寺への延焼防止のためにつくられた火除地にも多くの店が建ち並ぶと、ますます賑わいを見せるようになり、江戸でも有数の盛り場へと発展した。

これらの仮設の小屋は当初、朝に設置して夕方に撤去するよう申し渡されていたが、一

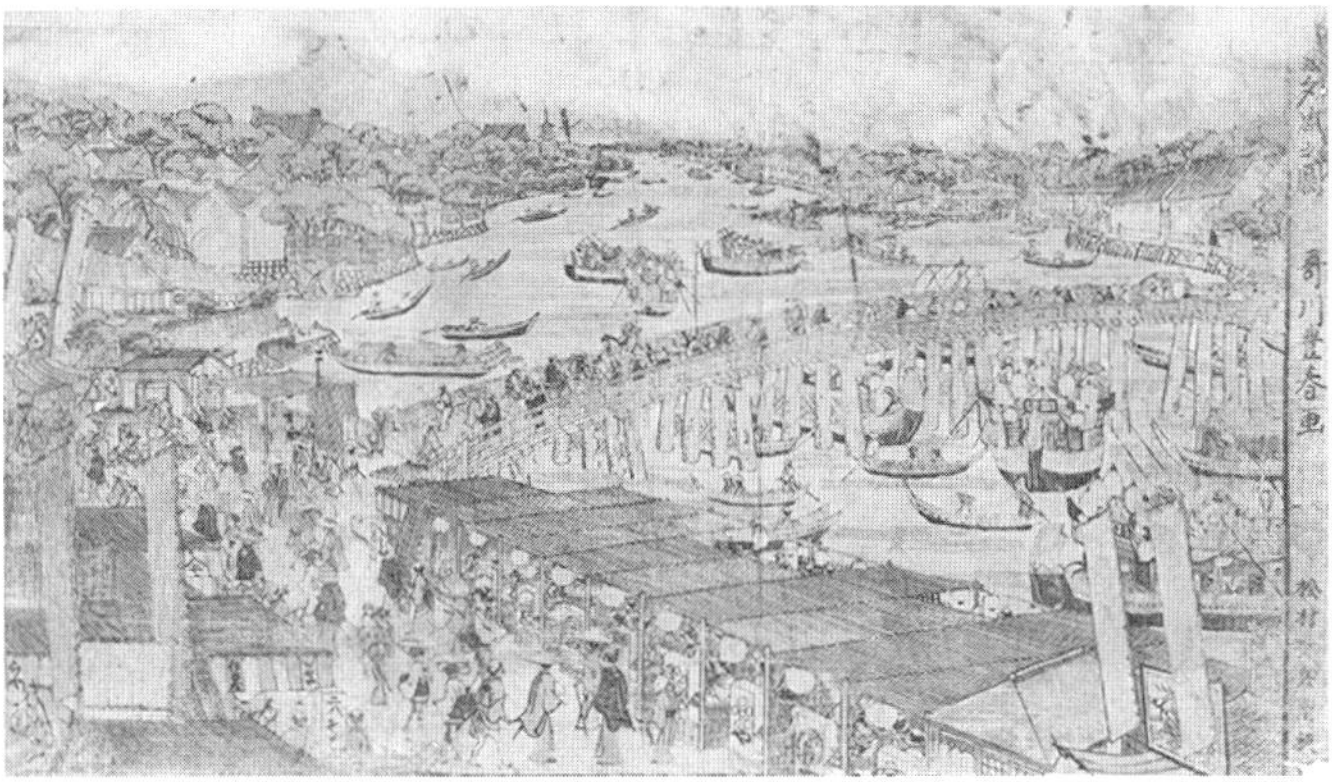

両国橋の広小路には見世物小屋など様々な店が建ち並び、大勢の人で賑わいを見せた(『あづまの花　江戸繪部類』哥川豊春)。

八世紀になると常に置かれるようになった。浄瑠璃《じょうるり》やものまね、軽業《かるわざ》、講釈《こうしゃく》、コマ回し、居合い抜きなどの興行が営まれたほか、ゾウやラクダといった、当時としては珍しい動物を見せる見世物小屋もあったという。

その後、一九世紀に行なわれた天保の改革の際にこれらの店は撤去を余儀なくされるが、安政四年(一八五七)、床店のみ再興が許されている。明治一六年(一八八三)に上野駅が開業すると、広小路一帯は繁華街としてさらなる賑わいを見せるようになった。

なお、仮設店舗の設置にあたっては、寛永寺や火除地周辺の町々が幕府に願い出たと伝わる。火除地の管理にあたったのは幕府ではなく、周辺の武家地や寺社、町人地であり、地代収入を得ることで管理費を賄おうとしたのである。

江戸のシンボル

明暦の大火で焼失した天守はなぜ再建されなかった？

対象エリア
皇居周辺

●慶長度天守と元和度天守

当時、領国の統治や合戦時の拠点であった城には、様々な建造物が構築されていた。なかでも、城のシンボルとしてそびえたのが天守である。軍事上の拠点であるとともに、城主の圧倒的な権力を世に知らしめるという役割も果たした。

江戸城にも、三度にわたって天守が築かれた。最初の天守は、徳川家康が慶長一二年（一六〇七）に造営したものである。近年発見された『江戸始図《えどはじめず》』から、大天守に小天守が連なった連立式天守であったことがわかっている。このときの天守は、本丸の中央よりもや西側に位置していた。

また、『愚子見記《ぐしけんき》』によると、天守と天守台を合わせた高さは約六九メートルだったといい、『慶長見聞集《けいちょうけんもんしゅう》』によると、その外観は五重で雪のように白かったという。実際にどのような形状をしていたのかはよくわかっていないが、おそらく外壁は白漆喰総塗籠《しろしっくいそうぬりごめ》であったのだろう。

【『武州豊嶋郡江戸庄図』に描かれた天守】（1632年頃）

2代将軍秀忠時代の天守か

右図は寛永9年（1632）発行なので、図上に描かれた天守は2代将軍秀忠時代の天守と推測される。

白漆喰の天守

家康時代の天守から北に約200メートルの位置、本丸最北部に築かれる。幕府の大工頭・中井家に伝わる「江戸城御天守」によると、外観五重、内部五階の層塔型天守で、壁は白漆喰の塗籠であったという。

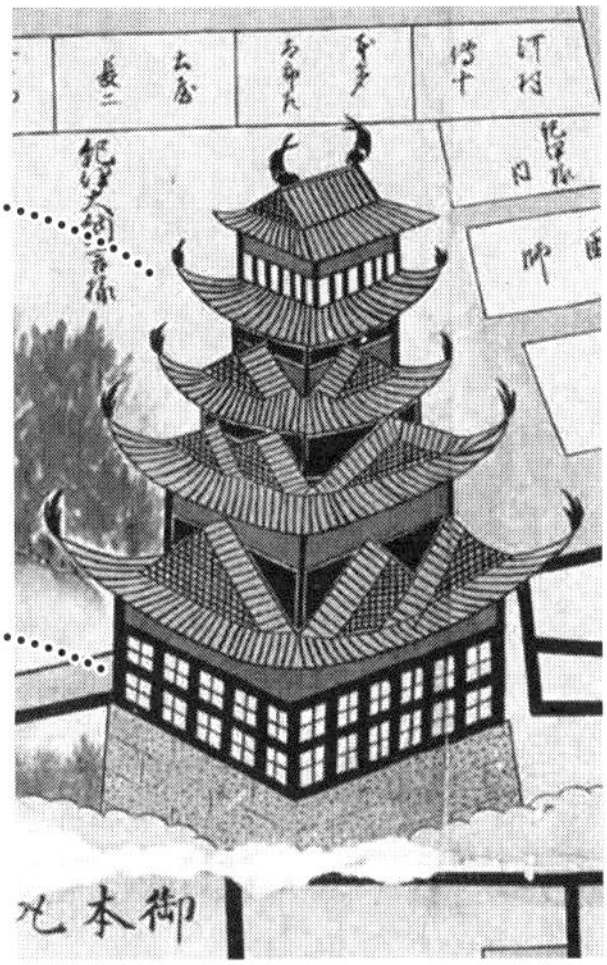

【寛永度天守（1637年頃）】

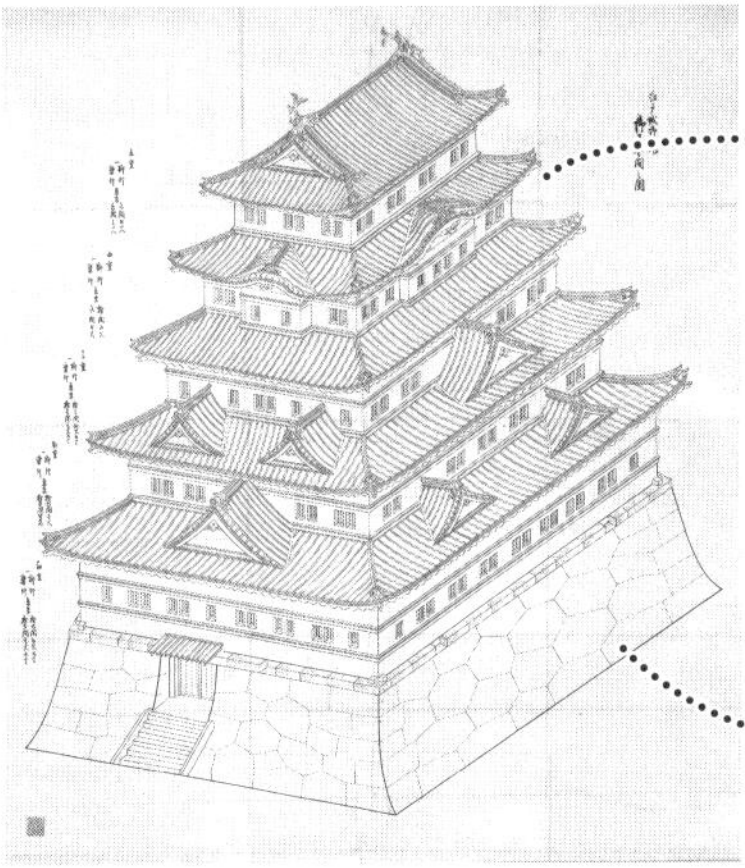

3代将軍家光時代の天守

天守の向きは異なるが、元和度天守とほぼ変わらない場所に築造された。元和度天守の一部を転用したものと見られている。

江戸最大の天守

寛永度天守は外観5重、内部5階、穴蔵（地下）1階の層塔型で、全高約59メートルという江戸期最大の天守だった。内部には通し柱が多数採用されており、高い耐震性を持っていたと考えられている。

その後、家康が亡くなったのちの元和八年（一六二二）、二代秀忠は政務を行なう場所を確保すべく、家康時代の天守を壊して本丸を拡張。現在、天守台が残る場所に新たな天守を造営した（元和度天守）。外観五重、内部五階、地下一層の層塔型天守で、最上階の屋根には金の鯱《しゃちほこ》が置かれていたという。

●焼失した寛永度天守

寛永一四年（一六三七）、三代家光は秀忠時代の天守を壊し、新たな天守を構築した（竣工は翌年）。外観五重、内部五階、穴蔵一層の層塔型天守で、屋根が総銅瓦葺、外壁も黒塗りの銅板張という黒い天守が江戸市中で異彩を放った。また、東伊豆海岸の安山岩を用いて築かれた石垣の高さは約一四メートルにも及び、その全高は約五九メートルにのぼった。木造建築としては、世界最大級の建造物であった。

だが明暦三年（一六五七）の明暦の大火で、寛永度天守は焼失してしまう。四代家綱《いえつな》はすぐさま本丸再建工事に着手し、加賀藩主・前田綱紀《まえだつなのり》に天守台普請を命じる。綱紀は領内から五〇〇〇人の人夫を動員し、これにあたった。こうして築かれたのが、いまに残る天守台である。

そして家綱は天守の再建にも乗り出すが、このとき、将軍の補佐役を務めていた家綱の

明暦の大火後、石垣の表面が焼けて傷んでいたことから、天守台のみが再建された。天守台に見える白っぽい石は花崗岩（御影石）で、黒っぽい石は寛永度天守の石材を再利用したものだといわれる。

叔父・保科正之《ほしなまさゆき》が「泰平の世にあって莫大な費用をかけてまで天守を再建する必要はない」と主張。家綱もこれに同意し、天守の再建よりも城下の復旧を優先したため、天守の建造は中止された。

その後、六代家宣《いえのぶ》の時代に一度天守の再建話が持ち上がるが、家宣の急死により中断。そして八代吉宗の時代に本丸南端の富士見櫓《ふじみやぐら》が天守の代用とされ、以降、江戸城に天守が再建されることはなかった。

なお、天守台の東面に焼け焦げた跡を確認することができるが、これは文久三年（一八六三）の火災によるものである。

大江戸八百八町

どこからどこまでが江戸の範囲？幕府が定めた「御府内」エリア

対象エリア
JR山手線内側　ほか

●バラバラだった江戸の範囲

明暦の大火後、江戸の市街地の規模は拡大の一途をたどり、寛文二年（一六六二）には町奉行管轄の町数は六七四となった。正徳三年（一七一三）には九三三町に増加。さらに延享年間（一七四四〜四八年）には寺社奉行管轄の門前町が町奉行の支配下となったこともあり、江戸の総町数は一六七八を数えるまでになった。しばしば「大江戸八百八町」と謳われるが、実際はその倍以上の町が存在していたのである。

それでは、いったい江戸とはどこからどこまでを指すのか。じつは、当時の江戸の範囲は曖昧だった。

たとえば「江戸払《えどばらい》」が科せられた罪人に立ち入りが禁じられた地域（御構場《おかまいば》）は、北は板橋宿・千住宿、東は本所・深川、西は四谷大木戸、南は品川宿であったことから、それらよりも内側が江戸と認識されていたということになる。なお、板橋宿、千住宿、品川宿は宿場町であったことから、町奉行ではなく代官支配下にあった。

江戸の範囲が初めて示されたのは、元禄11年（1698）のことであるという。このとき、町奉行の支配範囲を示すため、街道筋などに榜示杭が立てられた。

一方で、寛政三年（一七九一）には江戸城から四里（約一六キロメートル）四方が「御府内《ごふない》」であるとされ、幕臣がそこから外のエリアへ行くには届け出が必要とされた。

また、寺社奉行が勧化《かんげ》（寺社の建立や修復などの寄付を募ること）を認めた江戸の範囲は、北は千住宿・尾久《おく》村・滝野川村・板橋宿、東は砂村《すなむら》・亀戸村・木下川・須田村、西は代々木村・角筈《つのはず》村・戸塚村・上落合村、南は上大崎村・南品川宿限りとされた。のちの「朱引内」とほぼ等しい範囲であり、町奉行の支配エリアや御構場よりも広域に及んでいた。

このように、管轄によって江戸の範囲はバラバラであり、行政上の支障をきたしていた。

御府内の確定

そうした状況下の文政元年（一八一八）八月、目付・牧野助左衛門《まきのすけざえもん》が「御府内外境筋之儀」という伺を提出し、それに基づいて評定所が協議を行なった。その結果、同年一二月、老中・阿部正精《あべまさきよ》は幕府の公式見解として江戸の行政範囲を確定した。絵図に朱線を引き、北は荒川、石神井川（板橋宿、滝野川、尾久周辺）、東は中川（亀戸、平井周辺）、西は神田上水（代々木、角筈、長崎周辺）、南は目黒川（品川宿周辺）までを御府内と定めたのである。朱線で引かれたことから、御府内は「朱引内」とも呼ばれるようになった。

現在の地図でいうと、ほぼＪＲ山手線の内側に江東区と墨田区の一部などを加えた地域がそれに該当する。

また、朱引の内側には墨線が引かれ、町奉行所の管轄範囲も定められた。北は橋場町、箕輪村、駒込村、染井村、東は永代新田、猿江村、小梅村、西は中渋谷村、千駄ヶ谷村、南は下高輪町、下目黒村、中目黒村である。文政元年（一八一八）頃に制作された『旧江戸朱引内図』を見ると、町奉行所の管轄範囲を超えるまでに江戸という都市が拡大していた様子をうかがうことができる。

朱線で示された江戸の範囲

中山道
蓮沼村
豊島郡
豊島村
十条村
王子村
足立郡
日光道中
奥州道中
上尾久村
下尾久村
千住町
掃部宿町
小菅村
堀切村
上板橋村
下板橋村
長崎村
駒込村
千住町
上落合村
下落合村
巣鴨村
雑司ヶ谷村
今戸町
川端村
中野村
多摩郡
寛永寺
谷中町
亀戸村
小名木村
神田明神
大久保村
本郷村
内藤新宿
隅田川
葛飾郡
御城
江戸城
千駄ヶ谷村
甲州道中
代々木村
上渋谷村
渋谷宮益町
増上寺
中川
佃島
白金村
荏原郡
中目黒村
下目黒村
北品川町
碑文谷村
南品川町
東海道

チェックpoint

江戸の行政範囲（朱引内）

19世紀、朱引よりも内側のエリアが江戸と認識されていた。当時の交通手段の基本は徒歩であったことから、日付が変わらない間に業務を遂行する限界ラインでもあった。

町奉行の管轄範囲（墨引内）

町奉行所の支配範囲は目黒など一部地域を除き、ほぼ朱引の範囲内に含まれていた。

江戸の
都市計画

世界最大級の都市・江戸、その大半を占めていたのは武家屋敷!

対象エリア

皇居周辺
新宿区
文京区　ほか

江戸の城下町が完成した寛永期(一六二四~四四年)の時点で、町方の人口は約一五万人だったという。その後も城下町は発展を続け、一八世紀前半には五〇万人を突破した。武家の人口調査は行なわれていないが、五〇万人は優に超えていたと考えられており、この時点で江戸は人口一〇〇万を超える都市となった。当時のロンドンの人口が約八七万人、パリの人口が約五五万人だったというから、江戸は世界最大級の都市にまで発展を遂げていたことになる。

●「山の手」と「下町」

ただし城下町に目を転じると、武家地が全体の七割を占めており、町人地はわずか一五パーセントほどにしか過ぎなかった。また、江戸城北西に武蔵野台地の東端が張り出し、南東に低地・湿地が広がるという江戸の地勢にあって、台地部(「山の手」。現在の文京区・新宿区・港区周辺)に多くの武家屋敷が配され、埋め立てて造成された低地・湿地部(「下町」。現在の神田・日本橋・京橋周辺。江戸後期に下谷・浅草・本所・深川などが含有され

江戸の都市空間の構成

寺社地

江戸城下の約15パーセントが寺社地。『御府内備考続編』（1830年頃）によると、当時、江戸市中には主要な神社が112、仏閣が980あったという。

大縄地《おおなわち》

御家人に与えられた屋敷地のこと。本所や牛込、四谷など、主に江戸城下外縁部に設定される。

護国寺
伝通院
寛永寺
浅草寺
隅田川
浅草
本所
牛込
北
両国橋
神田
四谷
番町
江戸城
日本橋
深川
大名小路
増上寺
江戸湾

チェックpoint

武家地

江戸城下の約3分の2を占める。家格や知行高に応じて、与えられる屋敷地の面積は異なっていた。

町人地

家康は江戸開府に先立って町人地を整備し、職人や商人を誘致した（古町）。

る）に多くの町屋が築かれていった。

一方、残りの一五パーセントは寺社地であり、江戸にはじつに一〇〇〇か所以上も寺院が存在していたといわれる。中でも将軍家の廟所である寛永寺や増上寺、祈願所であった浅草寺や護国寺《ごこくじ》、伝通院《でんづういん》などの大寺院は広大な寺領を誇った。

●武家地の屋敷割

武家地は、大名屋敷と、将軍直属の家臣である旗本・御家人の幕臣屋敷に分けられる。どちらも幕府が下賜したものであり、「拝領屋敷《はいりょうやしき》」と呼ばれる。

敷地面積は家格や知行高によって異なり、五〜六万石の大名は約五〇〇〇坪、一万石から七〇〇〇石の上級旗本は約二五〇〇坪、三〇〇石から二〇〇石の旗本は約六〇〇坪であった。安政三年（一八五六）の時点で大名屋敷は約七四八万坪、幕臣屋敷は約五六八万坪あったというが、江戸中・後期の大名の数が約二六〇家、旗本が約五二〇〇家、御家人が約一七〇〇〇家であったことを踏まえると、大名屋敷がいかに広大であったかを読み取ることができる。

とくに大名屋敷は江戸城の外堀内とその周辺地域に集中的に置かれ、大手門前の一帯は「大名小路」と呼ばれた。現在の丸の内周辺にあたる。

大名屋敷が建ち並んでいた現在の丸の内

大名屋敷群
江戸城の周辺には諸大名の上屋敷が配され、「大名小路」と呼ばれた。当時、江戸っ子はこれを「外の津にないは大名小路なり」として自慢したという。
江戸城
御城
北
現・丸ビル
現・新丸ビル
大名小路
現・三菱一号館美術館
現・東京駅
チェックpoint
オフィス街へと変貌
明治23年（1890）に三菱財閥2代岩崎弥之助が一帯の払い下げを受け、オフィス街へとつくりかえた。

一方、幕臣の屋敷割については、江戸城近辺の小石川や神田山などに下級家臣、城から少し離れた四谷大木戸や赤坂、麻布などの要地に上級家臣が配された。

現在の千代田区一番町から六番町にあたる一帯を「番町《ばんちょう》」と総称するのは、江戸時代、このエリアに大番士《おおばんし》（旗本のうち軍事を担当）が多く住んでいたためである。『武江年表』によると、文禄元年（一五九二）に成立したという。もともと江戸城西の防備を固めるために番町に置かれた旗本屋敷であるが、明治維新後は政府に接収されて官邸へと変貌を遂げた。その後、第二次世界大戦時の空襲で一帯は焼失したが、当時の街区がほぼそのまま踏襲されて再建がなされたため、古地図とさほど変わらない町割りを歩くことができる。

江戸の町割り

大江戸のメインストリートが不自然に屈曲しているワケ

対象エリア

神田
日本橋
新橋

●屈曲した目抜き通り

江戸の城下町は京の町割りを参考にしたといわれるが、町並みは必ずしも碁盤目状となっているわけではない。たとえば古地図で筋違橋門（現・神田万世橋）から新橋までを結んだ江戸時代の目抜き通り・通《とお》り町筋《ちょうすじ》（現・中央通り）を見ると、日本橋と京橋で二度屈曲していることがわかる。都市史研究者の鈴木《すずき》理生《まさお》氏によると、これは埋め立てで造成された町地にあって、まず排水の便が優先されたためであるという。

通り町筋は、地形で見ると周辺よりもわずかに標高の高い江戸前島の尾根部分にあたる。こうした微高地にメインストリートを設定することで、自然流下による排水を可能にし、雨水などによる浸水から町地を守ったというわけだ。

通り町筋以外にも、江戸と浅草を結んだ本石町《ほんごくちょう》通も、微高地を選んで通されたために途中で屈曲している。つまり、不自然な道路の屈曲は地形に即して都市設計が行なわれた結果、誕生したといえるだろう。

屈曲して敷かれた通り町筋

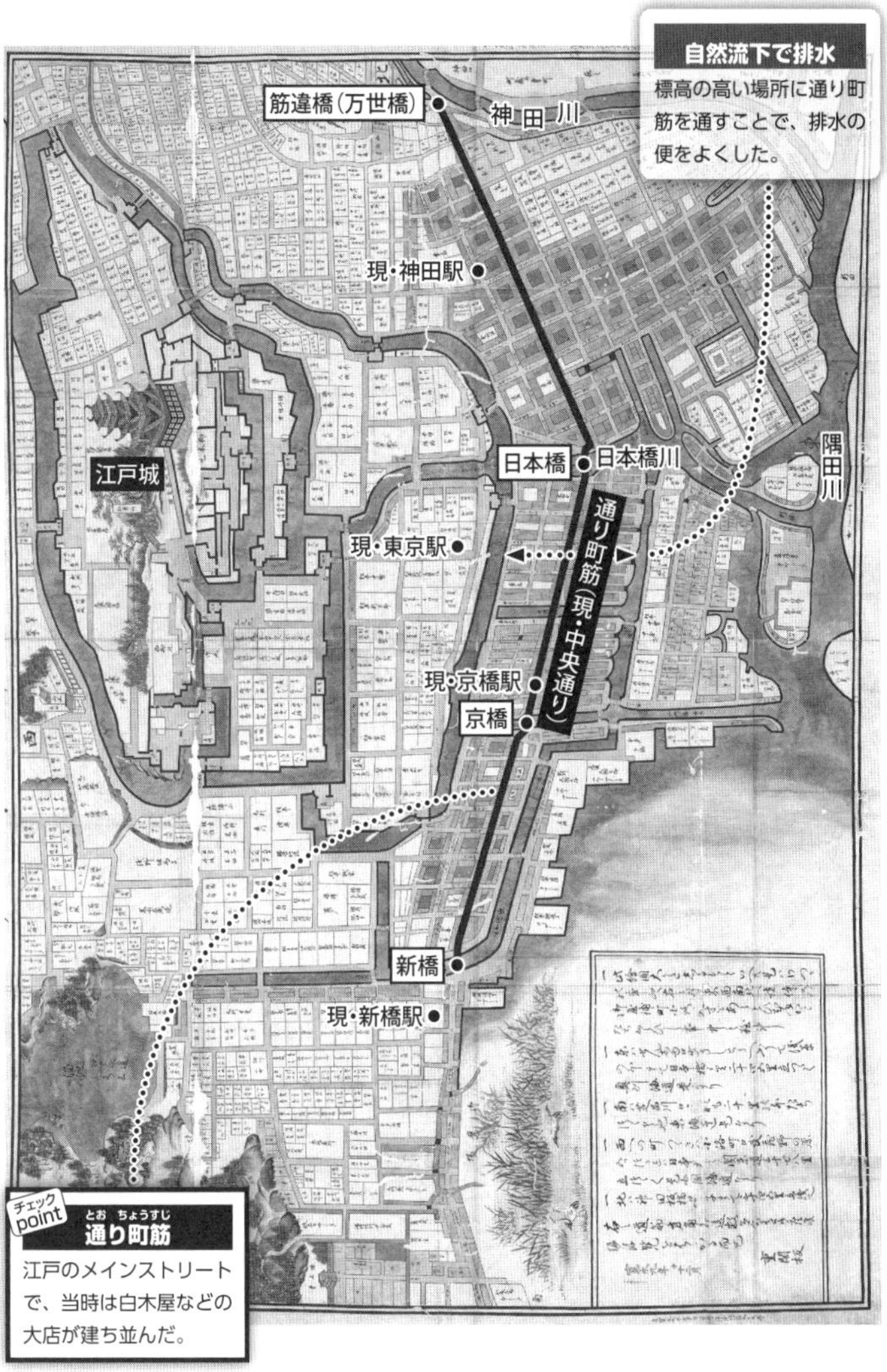
自然流下で排水
標高の高い場所に通り町筋を通すことで、排水の便をよくした。
筋違橋(万世橋)
神田川
現・神田駅
江戸城
日本橋
日本橋川
隅田川
現・東京駅
通り町筋(現・中央通り)
現・京橋駅
京橋
新橋
現・新橋駅
チェックpoint
通《とお》り町筋《ちょうすじ》
江戸のメインストリートで、当時は白木屋などの大店が建ち並んだ。

江戸のインフラ

交通に欠かせない道路と橋、維持・管理は誰が行なっていた？

対象エリア
本所
亀戸　ほか

●江戸のメインストリートと橋

江戸城下町に整備された道路のうち、メインストリートとして利用されていたのは北は中山道、南は東海道につながる通り町筋、常盤橋《ときわばし》から浅草橋、そして日光道中に通じる本町筋《ほんちょうすじ》である。通り沿いには現代でいうところのデパートである大店が建ち並び、多くの人で賑わいを見せた。

また、水路が張り巡らされた江戸では、日本橋や京橋、千住大橋など、大小含めてじつに多くの橋が架けられていた。その総数については不明であるが、五〇〇は下らなかったのではないかと見られている。

これらの道路や橋は、いったい誰が維持・管理を行なっていたのだろうか。

●道路と橋の維持・管理

道路については、原則、その通りに面していた町屋や武家、寺社が維持・管理を行なう

本所周辺の道路・橋

吾妻橋《あづまばし》（大川橋《おおかわばし》）
安永3年（1774）、6名の町人が幕府の承認を得て自費で架橋。維持・管理費用を捻出するため、通行人から一人2銭を徴収した。
吾妻橋
隅田川
横川
チェックpoint
道路の維持
道沿いに住む者らは、道の掃除に加え、行き倒れた者や喧嘩の処理、木戸や番屋の修繕なども行なう必要があった。
現・春日通り
現・錦糸町駅
両国橋
回向院
竪川

ものとされていた。しっかりと持ち場は分担されており、それぞれが自分の割り当てられた範囲で、道路の維持・管理を行なったのである。

一方、橋は、幕府の経費で架け替えや修復などの維持・管理を行なう「御入用橋《ごいりようばし》」、橋の周辺の町屋や武家、寺社が組合を組織して維持を行なう「組合橋《くみあいばし》」、武家や町人らが自ら構築して管理を行なう「一手持橋《いってもちばし》」などがあった。

このうち、御入用橋は一八世紀中頃の時点で一七二あったというが、維持・管理に莫大な経費がかかったことから、享保年間（一七一六〜三六年）頃、幕府は隅田川に架かる両国橋と新大橋を除いたすべての御入用橋の維持・管理を富裕な商人に請け負わせた。

江戸の物流

大江戸は運河が張り巡らされた「水の都」だった！

対象エリア

日本橋
京橋
八丁堀 ほか

●江戸の舟運ネットワーク

古地図を眺めると、江戸の町にはじつに多くの運河が張り巡らされていたことがわかる。江戸湊と日比谷入江を結んだ道三堀や、日本橋の下を東西に流れる日本橋川、日本橋川から江戸橋付近で分水して南流する楓川《かえでもみじ》など、枚挙に暇ない。

当時、全国各地の物資は廻船《かいせん》など大型船の海運網を通じて運ばれていたが、大型船は水深の浅い江戸沿岸部に接岸することはできなかった。そこで江戸湊から江戸城近くにまで物資を運び込むことができるよう、運河が縦横に掘られたのである。陸地を掘って設けられた水路を「舟入堀《ふないりぼり》」といい、川の上流部を埋め立てて河口部を埋め残した水路を「堀留《ほりどめ》」という。いまに伝わる日本橋堀留町という地名は、この堀留に由来するものである。

大型船で運ばれた物資は隅田川の河口で小型の艀《はしけ》に積み替えられ、運河を通じて江戸市中へ運ばれた。当時はこの舟運ネットワークが江戸の人々の生活を支えていた。

また、低地に築かれた江戸という都市にあって、運河は排水路としての機能も担った。

江戸市中に掘られた水路

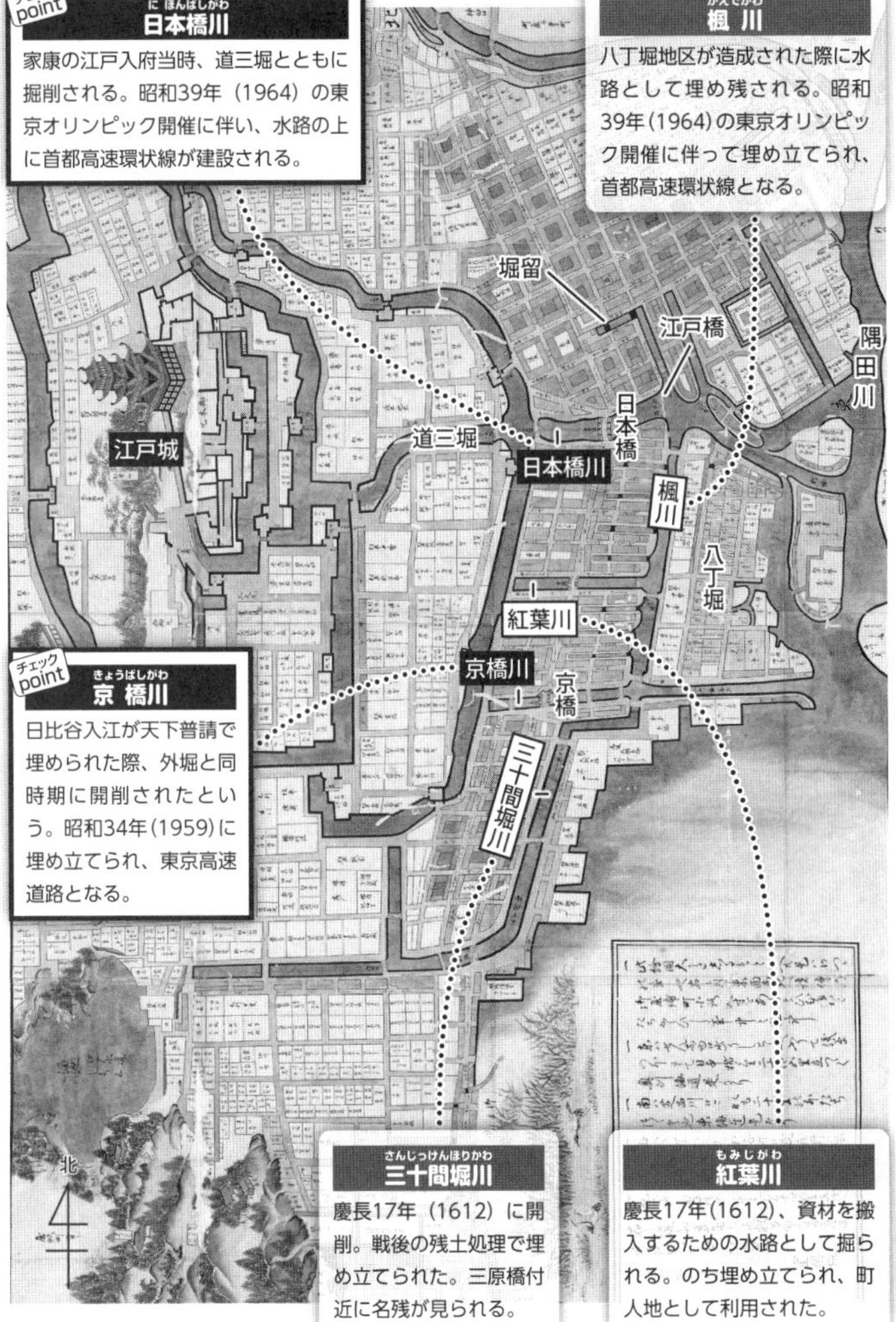
堀留
江戸橋
隅田川
江戸城
道三堀
日本橋
日本橋川
楓川
八丁堀
紅葉川
京橋川
京橋
三十間堀川
北

チェックpoint

日本橋川《にほんばしがわ》

家康の江戸入府当時、道三堀とともに掘削される。昭和39年（1964）の東京オリンピック開催に伴い、水路の上に首都高速環状線が建設される。

楓川《かえでかわ》

八丁堀地区が造成された際に水路として埋め残される。昭和39年(1964)の東京オリンピック開催に伴って埋め立てられ、首都高速環状線となる。

チェックpoint

京橋川《きょうばしがわ》

日比谷入江が天下普請で埋められた際、外堀と同時期に開削されたという。昭和34年(1959)に埋め立てられ、東京高速道路となる。

三十間堀川《さんじっけんほりかわ》

慶長17年（1612）に開削。戦後の残土処理で埋め立てられた。三原橋付近に名残が見られる。

紅葉川《もみじがわ》

慶長17年(1612)、資材を搬入するための水路として掘られる。のち埋め立てられ、町人地として利用された。

この運河を利用した舟運は近代にも受け継がれたが、やがて物流の主役を鉄道やトラックが担うようになると、徐々にその役割を終えることとなった。戦後には戦災残土の処分のため、東京駅前の外堀や三十間堀川、東堀留川、龍閑川《りゅうかんがわ》、新川、浜町川などが次々と埋め立てられていった。さらに昭和三九年（一九六四）の東京オリンピックの開催に伴い、楓川や京橋川など江戸期以来の水路が埋め立てられ、高速道路へと姿を変えた。このとき、日本橋川は船の往来が頻繁であったことから、川の上に高架式で高速道路が建設されている。現在はかつての景観を取り戻すべく、高速道路の地下化が検討されているところである。

●流通センターだった河岸

運び込まれた物資を陸揚げするための設備を「河岸《かし》」という。荷物置き場や貯蔵庫、市場としても利用され、人と物が集まる流通センターとして機能した。江戸時代初期の頃は河岸に荷物を積んだり、建物を建てたりすることは禁じられたが、一八世紀には河岸の一部を蔵地とすることが認められたため、河岸周辺には荷物を保管する蔵が建ち並んだ。

河岸の名前は、荷揚げする商品からつけられることが多かった。たとえば魚を扱った魚河岸、米を扱った米河岸、青物市場が置かれた大根河岸などである。そのほか、行徳河岸

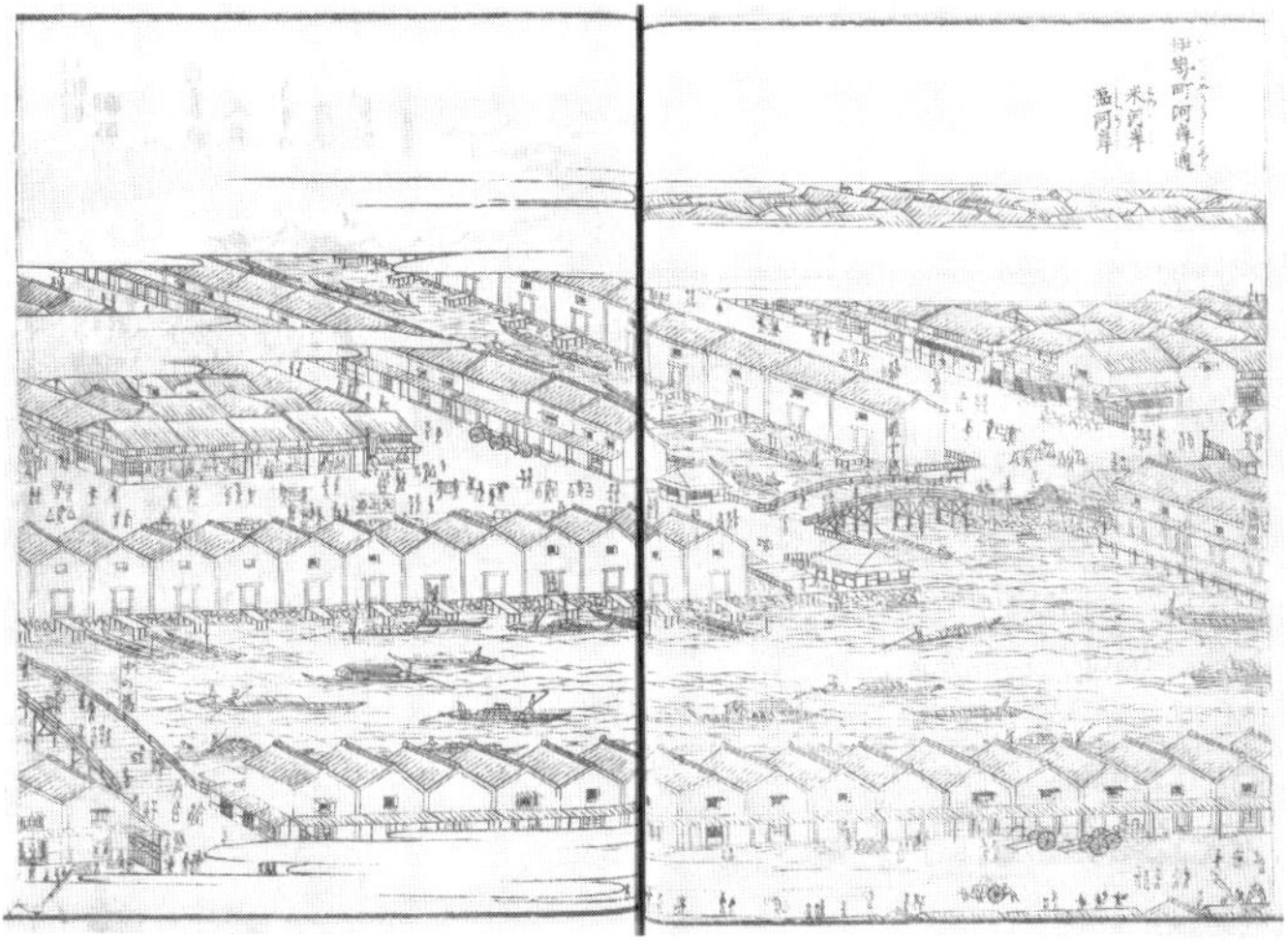

日本橋魚河岸や大根河岸など、運河沿いには物資を運び込むための河岸が置かれ、大いに賑わいを見せた（『江戸名所図会』伊勢町河岸通）。

や鎌倉《かまくら》河岸など地名に由来するものもあった。

江戸には七〇以上の河岸が存在していたというが、とくに多く建ち並んでいたのが日本橋川の両岸である。朝の商いだけで一〇〇〇両もの金が落ちるといわれた魚河岸をはじめ、裏《うら》河岸、西河岸、四日市河岸、鎧《よろい》河岸、茅場《かやば》河岸、北新堀《きたしんぼり》河岸、南新堀河岸などが、河口部に至るまで所狭しと連なっていた。

なお、一口に河岸といっても身分によって使い分けられており、町人が利用する河岸を「舟付場《ふなつきば》」、大名が利用する河岸を「物揚場《ものあげば》」、将軍御用の品を扱う河岸を「お上がり場」と呼んだ。

江戸の治水①

百万都市・江戸を支えた世界最高峰の上水システム

対象エリア

神田
四谷
三田　ほか

●喫緊の課題だった飲料水の確保

海に面した低湿地と武蔵野台地に囲まれた江戸では、良質な水を手に入れることは極めて困難だった。徳川家康が江戸に城下町を築くにあたり、もっとも苦慮したのはこの点である。そこで家康は江戸入府と同時に家臣・大久保藤五郎忠行《おおくぼとうごろうただゆき》に上水の開削を命じ、小石《こいし》川《かわ》の湧き水を水源とする小石川上水を整備させ、神田まで通水させた。また飲料水を確保すべく、千鳥ヶ淵《ちどりがふち》川の水を堰《せ》き止めて千鳥ヶ淵を、武蔵野台地の湧き水を貯めて牛ヶ淵《うしがふち》を整備した。

だが江戸の発展に伴って人口が増加するにつれ、飲料水が不足するようになった。そのため寛永六年（一六二九）頃には小石川上水が拡張され、井の頭《いのかしら》池、善福寺《ぜんぷくじ》池、妙正寺《みょうしょうじ》池を取水口とする神田上水が完成。関口《せきぐち》に設けられた大洗堰《おおあらいぜき》で上水を堰き止めて水位を上げ、小石川の水戸藩上屋敷を経て水道橋付近で掛樋《かけひ》を通じて神田川を越え、神田、日本橋方面へと給水された。

●玉川上水の開削

だが、それでも水の供給が追いつかないほど、江戸の人口は増え続けた。そこで承応二年（一六五三）、玉川上水が開削された。総奉行には松平伊豆守信綱《まつだいらいずのかみのぶつな》、水道奉行には伊奈忠治《いなただはる》が任ぜられ、庄右衛門《しょうえもん》・清右衛門《せいえもん》という二人の兄弟が実際の工事を請け負った。

二人は幕府から工事代金として六〇〇〇両を受け取ると、上水の開削工事に着手。多摩川の水を羽村《はむら》で取水し、そこから四谷《よつや》まで四三キロメートルの距離を自然流下で通水させようとした。だが高井戸《たかいど》まで至ったときに、資金は底をついてしまう。そこで二人は自己資金二〇〇〇両と、町屋敷を売り払って工面した一〇〇〇両を投じて工事を再開。同年一一月一五日、羽村から四谷大木戸までの水路を完成させた。承応三年（一六五四）一一月には虎ノ門までの地下水路（約八四キロメートル）の掘削工事も完了。こうして玉川上水は完成し、木樋《もくひ》や石樋《せきひ》を通じて江戸城内や四谷、赤坂、築地、京橋方面などへ分水された。

その後、玉川上水を水源とする青山上水（四谷・麹町・赤坂・青山・麻布・芝方面へ給水）、三田上水（大崎・芝・高輪方面へ給水）、千川上水（本郷・湯島・浅草方面へ給水）、さらには元荒川を水源とする本所上水（本所方面へ給水）が開削され、江戸市中における水事情は大きく改善されることとなった。ただし、これら四上水については、維持管理費用を削減するため、享保七年（一七二二）に廃止されている。

千川上水
不忍池
浅草寺
隅田川
口大洗堰
(現・江戸川公園)
水戸藩上屋敷
神田上水
神田川
本所
牛ヶ淵
日本橋
江戸城
玉川上水門
深川
青山上水口
(現・新宿区四谷4丁目)
溜池
千鳥ヶ淵
浜御殿
青山上水
増上寺
三田上水
三田・芝方面へ給水。
麻布・六本木・飯倉
方面へ給水。
目黒

チェック point

神田上水から江戸市中へ

神田上水は水戸藩上屋敷から地中の石樋を通り、さらに掛樋を通じて神田川を渡ったのち、地中の木樋を通じて神田・日本橋方面へ供給された。

江戸に水を供給した上水網

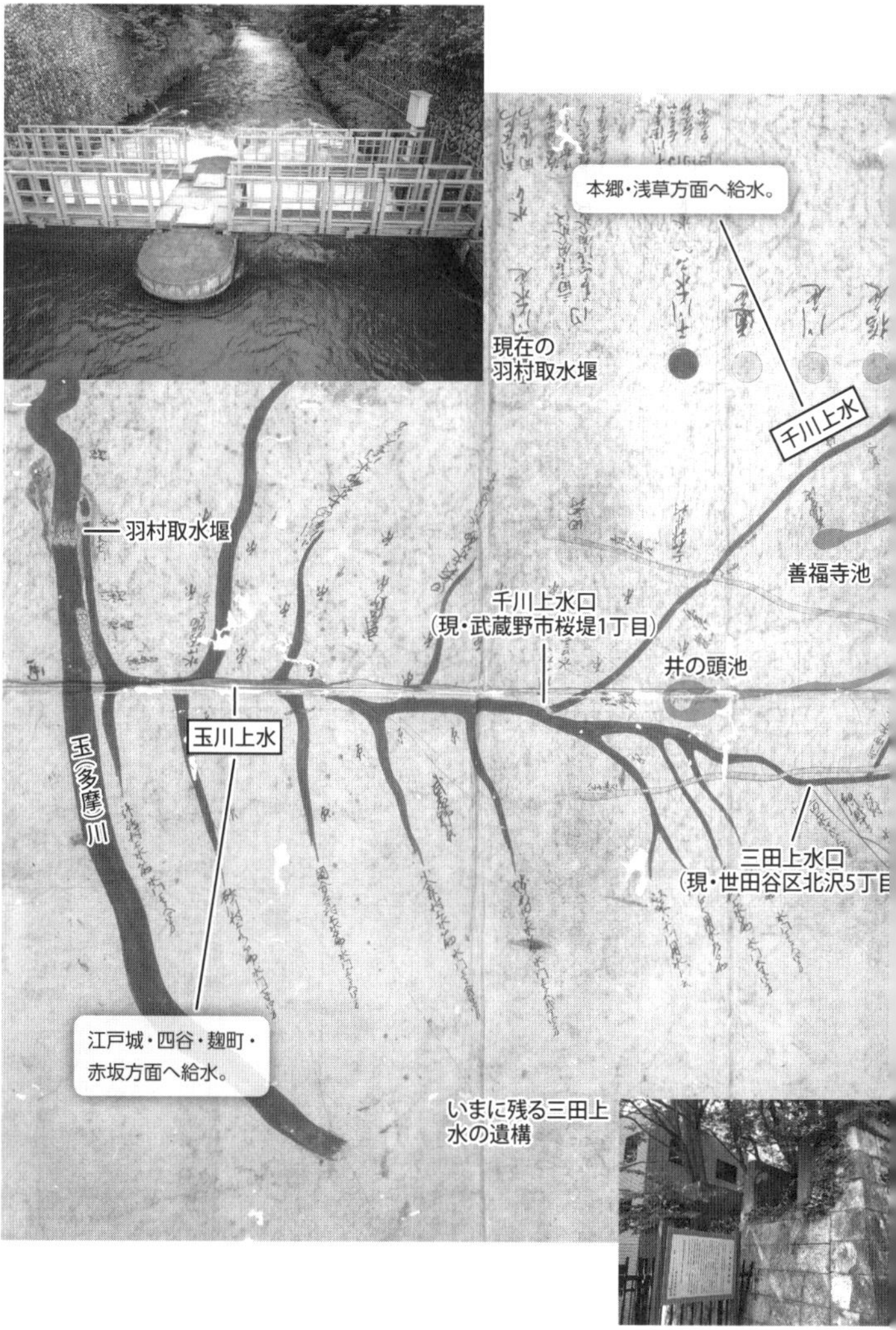
現在の
羽村取水堰
本郷・浅草方面へ給水。
千川上水
羽村取水堰
善福寺池
千川上水口
(現・武蔵野市桜堤1丁目)
井の頭池
玉川上水
玉(多摩)川
三田上水口
(現・世田谷区北沢5丁目
江戸城・四谷・麹町・
赤坂方面へ給水。
いまに残る三田上
水の遺構

江戸の
治水②

排水のために設置された江戸の下水、維持管理を行なっていたのは誰？

対象エリア
築地　ほか

●江戸の町に整備された下水網

飲用のための良質な水を得るべく、江戸には上水が引かれた。上水は石樋や木樋などを通じて市中へと供給され、長屋の住民も上水を使うことができた。

一方で、江戸の町には下水網も整備されていた。排水処理をしっかりと行なうことで、江戸の町が浸水することを防いだのである。

江戸時代の下水には、「大下水《おおげすい》」と「小下水《こげすい》」があった。小下水は屋敷地の周囲に張り巡らされたもので、雨水や湧き水がここを通じて流されていった。いわゆる「どぶ」である。幅は二〇数センチメートルほどで、木樋でつくられることが多かったようだ。町屋敷にも三尺～一間半（約九〇センチメートルから約二・七メートル）の庇《ひさし》が設置され、その先から雨水が下水に流されるという仕組みになっていた。なお、庇の下の土地は、幕府の地所であった。

こうして小下水に流された水は、やがて境に設置された大下水に合流する。大下水はい

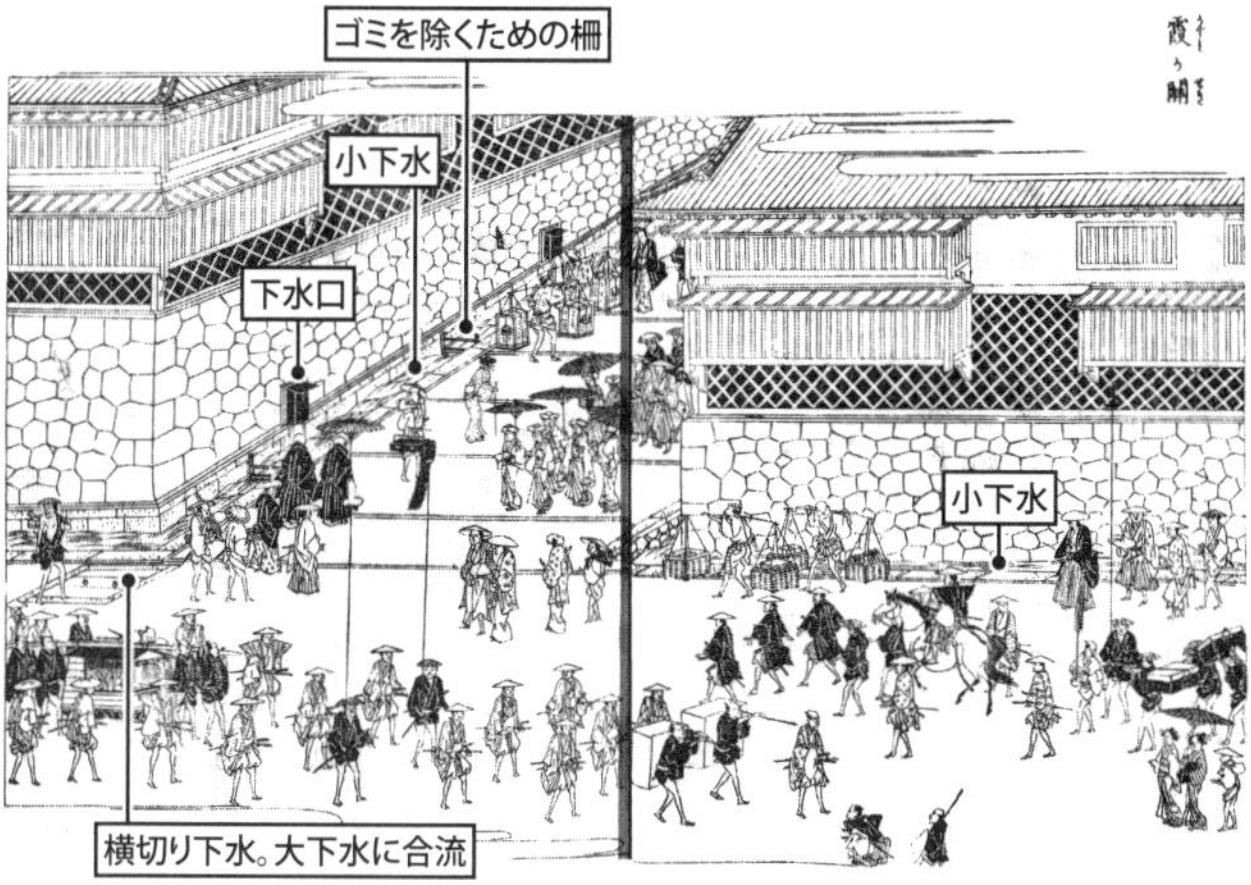
霞ヶ關
ゴミを除くための柵
小下水
下水口
小下水
横切り下水。大下水に合流

『江戸名所図会』を見ると、大名屋敷の周囲を小下水が巡っていた様子がわかる。

わば下水道の本管で、幅は九〇センチメートルから一・八メートルほどである。両側に間知石《けんちいし》が積まれるなど、石積みのしっかりしたつくりとなっていた。そして下水は堀や川に流され、最終的には隅田川を通じて海へ放流された。

●下水網の維持・管理

下水の維持・管理を行なったのは、その下水を利用している町人や武家などである。彼らは下水組合を組織し、堀や川に土砂やゴミが流れ込まないよう、下水に溜石垣《たまりいしがき》や埃留矢来《ごみどめやらい》を設置したり、定期的に浚渫《しゅんせつ》を行なった。

堀や川の浚渫を請け負ったのは芥《ごみ》取りという業者で、実際に泥やゴミなどを取り除いたのは鳶だった。

とはいえ、江戸時代のトイレは汲み取り式で、現代のように下水に流されることはなかった。大用と小用に分かれ、溜まった排泄物は江戸近郊の農家が肥料用として購入したのである。

栄養素の高い食事を取っていた大名家、武家、町人の順に買い取り価格が高かったというが、長屋の下肥の売り上げだけでも一年で約二両になったと伝わる。そのため現代とは異なり、屎尿《しにょう》や油、洗剤などで汚染された水が流されることはなかった。また、米のとぎ汁を拭き掃除や植木の水やりに使うなど、江戸の人々は水を大切に使用したため、下水の水量もそこまで多くなかったのではないかと考えられている。

ただし、ゴミの不法投棄はたびたびであったようである。そこで幕府は下水を清潔に保つため、ゴミ捨てを禁じたり、川岸付近や下水上の小屋や雪隠《せっちん》（トイレ）の設置を禁じたりといった法令を発した。寛文二年（一六六二）五月には、下水への死体遺棄を禁ずるお触れも出されている。

なお、上下水道の利用には費用が発生し、町人地の場合は地主が屋敷の間口に応じて、武家地の場合は禄高に応じて負担した。だが長屋の上下水道代は大家が負担したので、長屋の住人は無料で上下水道を利用することができた。

南小田原町に敷かれた下水道の構造

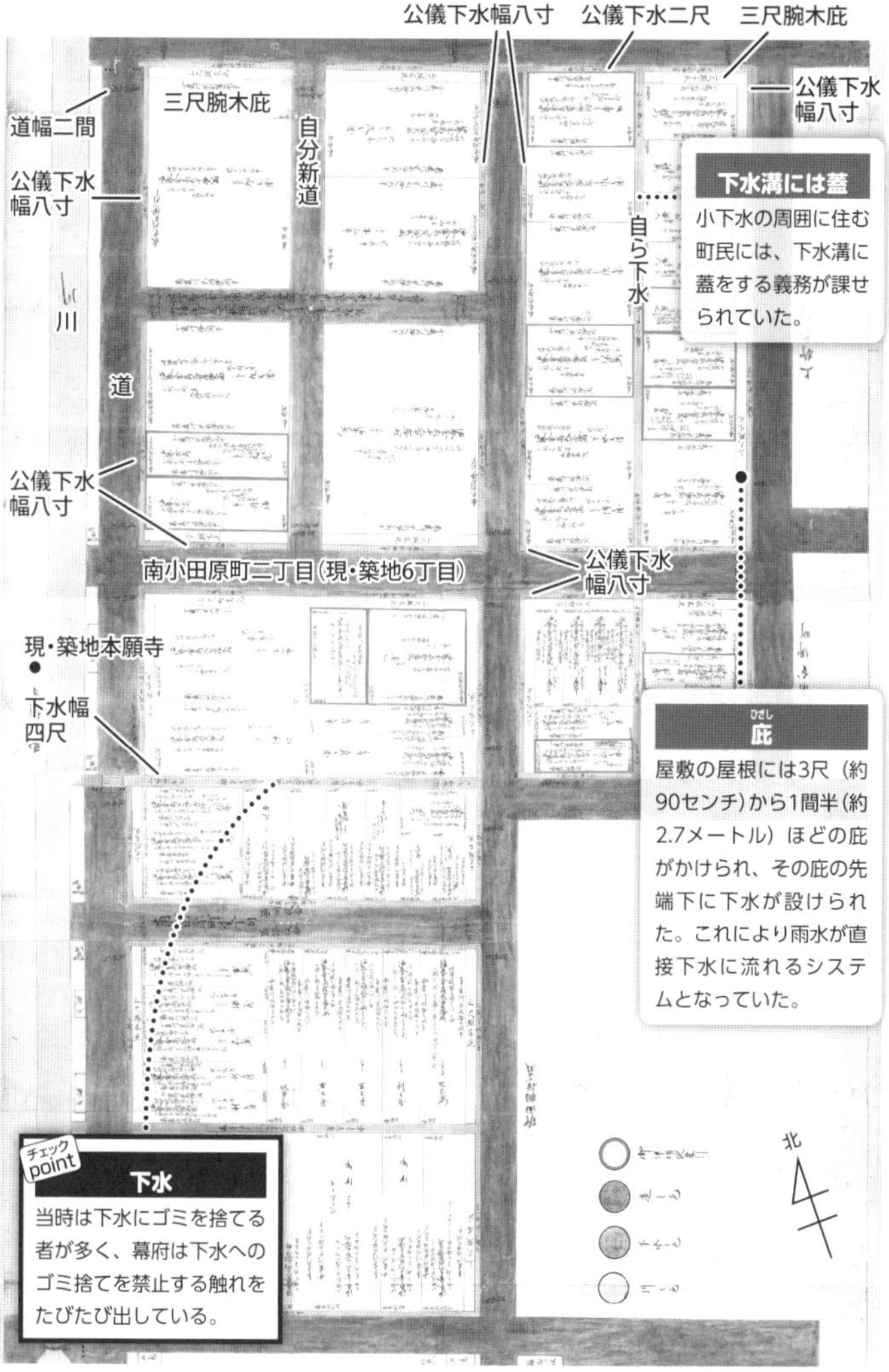
公儀下水幅八寸
公儀下水二尺
三尺腕木庇
公儀下水
幅八寸
道幅二間
三尺腕木庇
自分新道
公儀下水
幅八寸
自ら下水
下水溝には蓋
小下水の周囲に住む町民には、下水溝に蓋をする義務が課せられていた。
川
道
公儀下水
幅八寸
南小田原町二丁目(現・築地6丁目)
公儀下水
幅八寸
現・築地本願寺
下水幅
四尺
庇《ひさし》
屋敷の屋根には3尺（約90センチ）から1間半（約2.7メートル）ほどの庇がかけられ、その庇の先端下に下水が設けられた。これにより雨水が直接下水に流れるシステムとなっていた。
チェック point
下水
当時は下水にゴミを捨てる者が多く、幕府は下水へのゴミ捨てを禁止する触れをたびたび出している。
北

江戸の防衛①

迫りくるアメリカ艦隊に備えて築造された六基の「御台場」

対象エリア

台場周辺

●民間業者が築造した御台場

時は幕末の嘉永六年（一八五三）六月、アメリカ使節ペリーが浦賀《うらが》に来航し、幕府に開国を要求した。これに対し、幕府側は対応に苦慮。一二代徳川家慶《いえよし》のもとで老中首座をつとめていた阿部正弘《あべまさひろ》は国書をいったん受け取ると、来年に返答をすると言ってひとまずペリーを帰国させることに成功した。

近代装備を有するアメリカとの国力の差は歴然としていたが、幕府は来たるべき「その日」に備え、江戸への入口にあたる品川沖に防衛設備を建設した。こうしてつくられたのが、「御台場《おだいば》」である。

現在は「品川台場」と呼ばれるが、当時はこの場所に地名が存在しなかったことから、「品川御台場」や「内海御台場」など様々な名称で呼ばれていた。

工事は嘉永六年八月末にはじまり、安政元年（一八五四）一二月一七日に完成した。もともとは海上に一一基、海岸の御殿山《ごてんやま》下に一基の計一二基設置される予定だった。だが、

安政2年（1855）に描かれた『五十三次名所図会　品川』（右図）を見ると、御殿山が大きく削られている様子がうかがえる。上写真はかつての第4台場。昭和14年（1939）に埋め立てられた。現在の天王洲アイル周辺。

幕府が財政難にあえいでいたこともあり、実際には海上の第一台場、第二台場、第三台場、第五台場、第六台場、海岸の御殿山下台場（安政四年に第四台場と改称）の計六基築造されるにとどまった。

なお、御台場を築造するにあたって使われた大量の土は、現在の御殿山庭園内や高輪《たかなわ》、泉岳寺《せんがくじ》周辺、八ツ山《やつやま》などから運ばれた。また、石垣に使われた石材は伊豆や真鶴《まなづる》半島、三浦半島、木材は八王子鑓水《やりみず》村、下総《しもうさ》根戸《ねど》村から運び込まれている。

総工費は七五万両で、すべて幕府の財源によって賄われた。御台場の築造は天下普請ではなく請負制、すなわち民間の業者に工事を委託する形で行なわれたためである。第一・第二・第三・第六・第八台場は幕府作事方《さくじかた》大棟梁・平内大隅廷臣《へいのうちおおすみまさおみ》、第四・第五・第七・第九台場は幕府勘定方御用達の樋橋切組方棟梁《といはしきりくみかた》・岡田次助、第一〇・第一一台場は柴又村年寄・五郎右衛門、細田村名主・与五右衛門が請け負っている。

●御台場の構造

御台場は中央部が窪んだ形状をしており、そこに屯所《とんしょ》が設置された。そして屯所の周囲の盛土がなされた部分に大砲が据えられていた。そのほかには火薬庫や井戸、雪隠などの施設も置かれた。

警備を担当したのは、諸大名である。第一台場は川越藩、第二台場は会津藩、第三台場は忍藩、第五台場は庄内藩、第六台場は松代藩、御殿山下台場は鳥取藩が配された。同様に、品川沖の沿岸部にも各大名に警備箇所が割り当てられた。

だが、結局御台場が機能することはなかった。その後、沿岸部の埋め立て工事によって御台場は海上から姿を消していくが、第三台場と第六台場は国の史跡に指定され、いまにその姿を伝えている。また、靖国神社の遊就館《ゆうしゅうかん》前には、御台場に据えつけられていた青銅製の大砲が展示されている。

江戸期に制作された御台場設計図

永代橋
紀伊殿
一橋殿
松平越中守
尾張殿
松平安芸守
浜御殿
関但馬守
紀伊殿
丹羽左京大夫
松平相模守
間部下総守
第九台場
第十一台場
第十台場
第七台場
第八台場
第六台場
第三台場
第五台場
第二台場
第一台場
松平薩摩守
有馬玄蕃守
松平駿河守
第四台場
(御殿山下台場)
品川宿
江戸湾
第二台場構造
砲台
火薬庫
屯所
玉置場
番所
船付
柵門

警備担当場

江戸城の防備のため、各大名には沿岸部の警備が命じられた。

チェック point

台場

台場の設計にあたっては、オランダやフランスの築城書、砲術書などが用いられた。

現在の第三台場。大正15年（1926）に国の史跡に指定された。一帯は台場公園として整備されている。

現在の第六台場。大正15年（1926）に国の史跡に指定された。一般人の立ち入りは禁じられている。

昭和36年（1961）、東京湾航路拡張に伴い、撤去される。明治3年（1870）に設置された品川灯台は現在、国の重要文化財として博物館明治村（愛知県犬山市）に移設されている。

江戸の防衛②

八丁堀舟入は外国船に備えて掘られたものだった？

対象エリア
八丁堀周辺

●江戸防衛の役割を果たした舟入

八丁堀《はっちょうぼり》は、江戸の治安を守った与力《よりき》や同心《どうしん》が暮らした場所である。古地図上、京橋川、楓川、日本橋川、亀島川に囲まれたエリアが通称「八丁堀」と呼ばれ、与力や同心の組屋敷は現在の中央区八丁堀一、二丁目辺りにあった。

この八丁堀という名称は、もともと舟入として掘られた堀にちなむものである。寛永年間（一六二四～四四年）、舟運のために京橋川・楓川・三十間堀川との合流点から隅田川まで通じる堀が掘削され、その長さが八町（約八七〇メートル）あったことから、その名で呼ばれるようになったという。なお、もともとの表記は「八町堀」である。『寛永図』を見ると、当初は武家屋敷や寺院などが配されたが、明暦の大火後の元禄年間（一六八八～一七〇四年）頃、江戸の外郭に移転した寺院の跡地に与力や同心の組屋敷が支給された（大縄拝領地）。

じつは、この八丁堀舟入には舟運以外にもある役割が課せられていた。それは、江戸の

舟運と防衛の役割を持った八丁堀舟入

チェックpoint

八丁堀舟入

長さが8町（約870メートル）であることから、その名がつけられた。当時、外国帆船は砲台を船体の横に据えつけていたことから、江戸城が直接砲撃されないよう、江戸城と垂直方向に掘られたという。

北
江戸城
京橋川
新橋
三十間堀川
京橋
日本橋
楓川
江戸湾
八丁堀
日本橋川
八丁堀舟入
亀島川
隅田川

防衛である。

このとき、世界ではヨーロッパ諸国による東南アジアの植民地化が進展していた。日本では三代将軍・家光（在位：一六二三〜五一年）の時代にカトリック教国との国交を断絶。唯一残されたオランダ商館は平戸《ひらと》から出島《でじま》へ移設し、また、中国船との私貿易を長崎に限定した。いわゆる「鎖国」状態に入ったわけであるが、それでも外国船が江戸湾に侵入し、江戸城へ攻め入る可能性も十分に考えられた。

そこで掘られたのが、八丁堀舟入だった。これによって外国船が直接江戸湊に接岸できないようにしたのである。また、当時の外国船は船体の横側に艦砲がついていたため、江戸城と垂直方向に掘ることで、城が直接艦砲射撃に見舞われないようにしたのであった。

切絵図は江戸散歩の必須アイテム

「大江戸八百八町」と謳われた広大な江戸の町を歩く際、地図は必要不可欠なアイテムだった。すでに寛永年間（1624〜44年）には『武州豊嶋郡江戸庄図』（寛永９年に原図が作成されたと伝わる）や『寛永江戸全図』（寛永19年頃刊）といった「寛永図」が刊行されているが、この頃の地図は一枚の紙に江戸全域を記したもの、もしくは大判の紙に江戸市域を分割して記したものが主流であり、携行に不便であったばかりか、詳細な情報が記されていなかったために地図と照合しながら現地を歩くことは難しかった。

そうした中、18世紀中頃になると江戸市中を地域ごとに詳細な地図で表わした「切絵図」と呼ばれる区分図が考案される（吉文字屋板）。宝暦5年（1755）には、旗本屋敷が建ち並んだ番町地域（現・飯田橋、九段、麹町、四谷周辺）を描いた『番町絵図』が刊行された。当時、旗本屋敷には表札がなく、また同じようなつくりの建物が並んでいたことから目的の場所にはなかなかたどり着けなかったという。そこで旗本屋敷への案内図が作成されたのである。弘化3年（1846）には、麹町10丁目（現・6丁目）で荒物屋を営んでいた近江屋が切絵図業に参入。江戸全体を網羅した切絵図を初めて刊行し、大いに好評を博した。これに追随して切絵図を刊行したのが麹町6丁目（現・4丁目）で絵草子商を営んでいた尾張屋だった。近江屋版に比べて彩色数が多く、非常に見やすかったことから、地図としてだけではなく、江戸土産としても人気を得た。

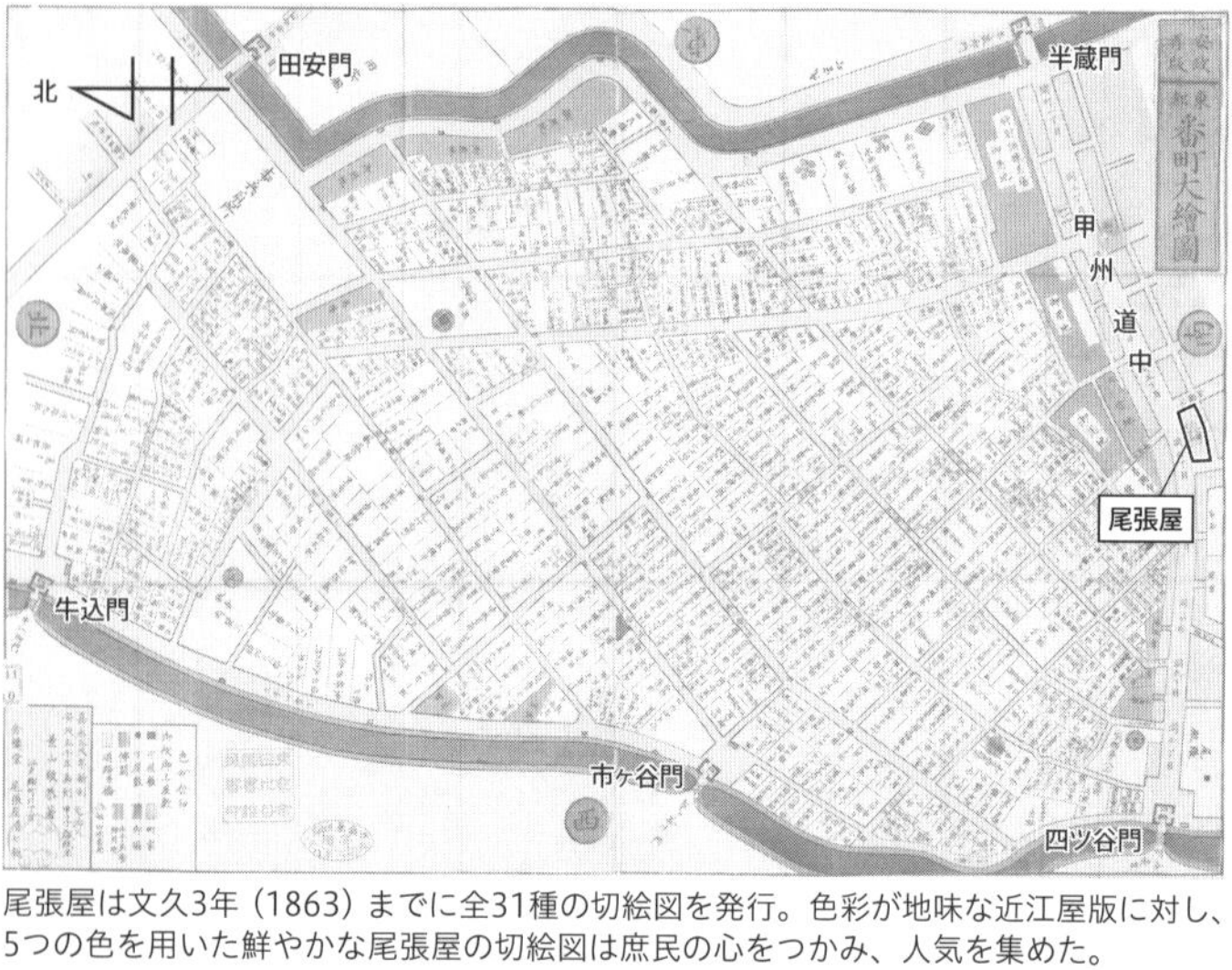

尾張屋は文久3年（1863）までに全31種の切絵図を発行。色彩が地味な近江屋版に対し、5つの色を用いた鮮やかな尾張屋の切絵図は庶民の心をつかみ、人気を集めた。

【第二章】古地図でわかる

お江戸のしくみとルール

江戸の宿場

江戸近郊に置かれた宿場町は江戸っ子の遊興の場でもあった!

対象エリア
品川　新宿
板橋　千住

●江戸の出入り口に位置した江戸四宿

江戸・日本橋を起点とする五街道には、道中に宿駅《しゅくえき》が置かれた。東海道《とうかいどう》は五三宿、中山道《なかせんどう》は六九宿、日光道中《にっこうどうちゅう》は二一宿、奥州《おうしゅう》道中は一〇宿、甲州《こうしゅう》道中は四四宿である。

これらの宿駅は、幕府の役人や参勤交代の大名など公用の旅行者の便を図るためのものであったことから、本陣や脇本陣、旅籠《はたご》などの宿泊施設や、人足《にんそく》・馬を提供する問屋場《といやば》などが設置された。

宿駅の中でも、江戸の出入り口に位置する東海道の品川宿、中山道の板橋宿、甲州道中の内藤新宿、日光道中の千住宿は「江戸四宿《ししゅく》」と呼ばれた。いずれの宿駅も日本橋から二里余（約八キロメートル）であったことから、旅人のみならず、江戸っ子の遊興の場としても賑わいを見せた。

とくに江戸っ子が目当てとしたのは、旅籠に置かれた「飯盛女《めしもりおんな》」だった。名目上は給仕をなりわいとしていたが、その実態は遊女であり、江戸四宿は事実上の遊廓としても発展

江戸の出入り口に置かれた江戸四宿

板橋宿

上宿、中宿、下宿で構成される。幕末の人口は2448人（男1053人、女1395人）。総家数は573軒で、そのうち本陣は1軒、脇本陣は3軒、旅籠は54軒あった。現在、「板橋宿本陣跡」などの碑が残る。

板橋宿
【日本橋から2里半（約10キロ）】
中山道
千住宿
【日本橋から2里8町（約8.8キロ）】
日光道中
隅田川
内藤新宿
【日本橋から2里（約8キロ）】
四谷大木戸
高遠藩内藤家下屋敷
甲州道中
江戸城
日本橋
高輪大木戸
東海道
品川宿
【日本橋から2里（約8キロ）】

千住宿

本宿、掃部宿、川原町、橋戸町、小塚原町、中村町で構成される。幕末の人口は9556人（男5005人、女4551人）。総家数は2370軒で、そのうち本陣は1軒、脇本陣は1軒、旅籠は55軒あった。安政2年（1855）建造の横山家住宅が今日に伝わる。

チェックpoint

内藤新宿

下町、仲町、上町で構成される。幕末の人口は2377人（男1172人、女1205人）。総家数は698軒で、そのうち本陣は1軒、旅籠は24軒あった。ここで亡くなった飯盛女は、いまも現在地に建つ成覚寺に葬られた。

品川宿

北品川宿、南品川宿、歩行（かち）新宿で構成される。幕末の人口は6890人（男3272人、女3618人）。総家数は1561軒で、そのうち本陣は1軒、脇本陣は2軒、旅籠は93軒あった。現在、「品川宿本陣跡」の碑が残る。

を遂げた。

なかでも品川宿には天保一四年（一八四三）の時点で九三軒の飯盛旅籠屋が軒を連ねていたといい、一五〇〇人ほどの飯盛女が働いていたという。

一方、江戸四宿は江戸の出入り口であったことから、江戸の境界であると認識されていた。追放刑の一種である江戸払《えどばらい》の範囲は江戸四宿と本所・深川であったし、参勤交代のために江戸四宿に入った大名は各所で身なりを整えてから江戸に入ったという。板橋宿に加賀藩下屋敷が置かれていたのも、十二泊十三日という道程を経て江戸に入る前に襟を正すという目的があったと考えられる。

●内藤新宿が設置されたワケ

江戸四宿の中で、もっとも遅く設置されたのは「内藤新宿」である。もともと甲州道中第一の宿駅は高井戸《たかいど》宿だった。しかし日本橋から四里余（約一六キロメートル）と距離があったことから、元禄一二年（一六九九）、信濃高遠《たかとお》藩内藤家の下屋敷の一部に内藤新宿が設置された。現在の新宿御苑付近である。このとき、宿駅の建設を出願したのは浅草の商人たちだった。すでに頭打ちにあった浅草の盛り場に代わる投資対象を新たな宿駅に求めたのである。

宿場の全長は約一キロメートルに及び、そこに旅籠屋や茶屋が建ち並んだ。江戸四宿の中でももっとも歓楽街としての色彩が濃かったというが、享保三年（一七一八）、時の将軍・吉宗《よしむね》により、内藤新宿は廃駅を余儀なくされてしまう。表向きの理由は旅人の利用が少ないというものであったが、本当の狙いは歓楽街として乱れた風紀を正すことにあった。

こうして宿場としての機能を失った内藤新宿は一時、廃れることとなるが、明和九年（一七七二）、町人たちの訴えに応じた幕府は宿場の再設置を許可した。こうして内藤新宿は再び歓楽街として隆盛を極めたのであった。

旅籠に置かれた飯盛女

宿場の旅籠の中には飯盛女（遊女）を置くところが多く、男性の旅人にとっては格好の遊興場となった。

その後、明治一八年（一八八五）に新宿駅が開業すると、賑わいの中心は内藤新宿から駅界隈へと移り変わっていく。

そして昭和に入ると、歌舞伎町を中心とした新たな歓楽街が形成されることになるのである。

江戸の大寺院

江戸城の鬼門の方角に二つの大寺院が配された意図

対象エリア
上野
芝

●寛永寺と増上寺の創建

江戸全域を描いた古地図を見ると、江戸城から見て北北東の方角に寛永寺《かんえいじ》が、南南東の方角に増上寺《ぞうじょうじ》がそれぞれ、広大な寺域を誇っていた様子がうかがえる。

寛永寺は寛永二年（一六二五）の創建である。天台宗総本山・比叡山延暦寺《ひえいざんえんりゃくじ》にちなんで山号は「東叡山《とうえいざん》」、寺号は当時の元号から「寛永寺」とされた。

承応三年（一六五四）に後水尾天皇《ごみずのお》の第三皇子・尊敬法親王《そんけいほっしんのう》が門主に就任して以降、代々法親王が門主を務め、天台座主《ざす》、日光山輪王寺《りんのうじ》門主も兼任した。当時は、北はJR日暮里駅辺り、東は山手線の線路沿い、西は不忍《しのばず》通り、南は御徒町辺りまでが境内で、最盛期には三〇万五〇〇〇坪もの寺域を誇った。現在、東京国立博物館が建つ辺りに、かつては寛永寺の本堂があった。

一方、増上寺が現在地に建立されたのは慶長三年（一五九八）のことだった。浄土宗の寺院で、もともとは武蔵国豊島郡貝塚《かいづか》（現・千代田区平河町付近）にあったが、徳川家康の江戸入府後、家康の帰依を受けた第一二世源《げん》誉《よ》存応《ぞんおう》上人が芝の地に寺領を賜って移転。往時は二五万坪余の寺域に本堂はじめ四八の子院、一〇〇以上の学寮が建ち並び、常に三〇〇〇人以上の学僧がいたという。現在の住所で「芝公園」という名のつくエリアのほとんどが増上寺の寺域だった。

これらの大寺院に共通するのは、どちらも要衝の台地上に位置しているという点である。寛永寺は日光道中、増上寺は東海道から江戸へ向かう途上にある。

鬼門封じのための寺院

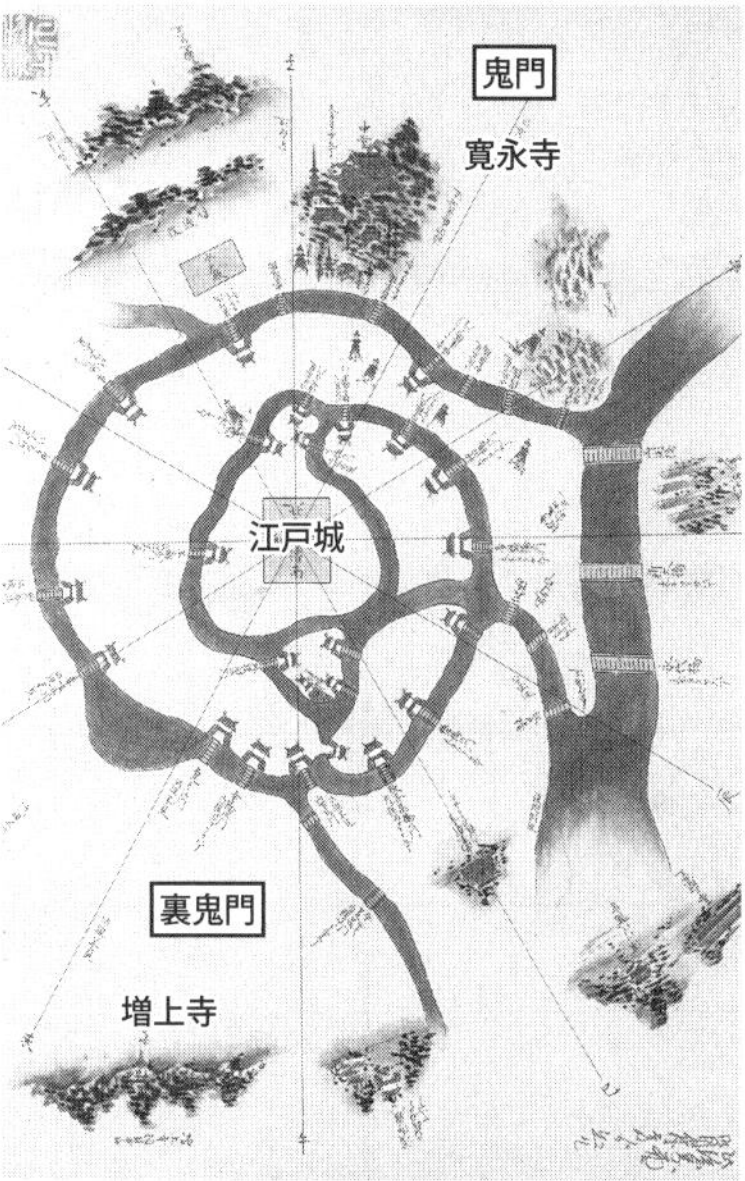

『御本丸方位図』を見ると、江戸城を中心として鬼門の方角に寛永寺、裏鬼門の方角に増上寺が築かれていたことがわかる。

広大な寺域は、有事の際の駐屯地として転用することが可能である。また、高台であったことから江戸へ侵攻してくる敵を迎撃する場所としては最適であった。

一方、両寺院は江戸城の鬼門封じの役割を果たしていたともいわれる。かつて平安京が表鬼門除けのために比叡山延暦寺を、裏鬼門除けのために石清水八幡宮《いわしみずはちまんぐう》を配した事例に倣い、江戸城の表鬼門に寛永寺、裏鬼門に増上寺が置かれたのだという。

●徳川将軍家の菩提寺

寛永寺と増上寺は、ともに徳川将軍家の菩提寺でもあった。寛永寺には四代家綱（厳有院《げんゆういん》）、五代綱吉（常憲院《じょうけんいん》）、八代吉宗（有徳院《ゆうとくいん》）、一〇代家治（浚明院《しゅんめいいん》）、一一代家斉（文恭院《ぶんきょういん》）、一三代家定（温恭院《おんきょういん》）とその夫人たち、増上寺には二代秀忠（台徳院《たいとくいん》）、六代家宣（文昭院《ぶんしょういん》）、七代家継（有章院《ゆうしょういん》）、九代家重（惇信院《じゅんしんいん》）、一二代家慶（慎徳院《しんとくいん》）、一四代家茂（昭徳院《しょうとくいん》）とその夫人たちが葬られた。

ところがその中にあって、一五代慶喜は谷中霊園に葬られている。法名もつけられていない。明治維新後、慶喜は朝敵となってしまうが、明治三五年（一九〇二）に明治天皇から徳川慶喜家の創設を許された。慶喜はこの温情に感謝し、自分の葬儀を神式で行なうよう遺言したため、谷中に墓がつくられたのだという。

なお、初代家康（安国院《あんこくいん》）は日光東照宮に、家康を崇拝していた三代家光（大猷院《たいゆういん》）は日光輪王寺にそれぞれ葬られている。

江戸城近くに配された主な寺社

チェックpoint

寛永寺《かんえいじ》

寛永2年（1625）、天台宗の僧・天海が江戸城鎮護のために建立。戊辰戦争時に全焼し、明治6年（1873）、境内の大半が上野公園として整備し直された。その後、明治12年（1879）、川越の喜多院から本地堂を移築し、現在地で再建を果たした。

浅草寺《せんそうじ》

7世紀の創建と伝わる。徳川家康の江戸入府後、幕府の祈願所とされた。また江戸城の表鬼門を守護する役割も課せられた。

神田明神《かんだみょうじん》

天平2年（730）の開基と伝わる。元和2年（1616）、江戸城の表鬼門を守護するために現在地に移される。

伝通院

応永22年（1415）に開基した浄土宗の寺院。慶長8年（1603）、徳川家康が生母・お大（戒名・伝通院）をこの地に葬ったことにちなみ、その名で呼ばれるようになる。

富岡八幡宮

寛永4年（1627）、永代島に創建される。徳川将軍家の篤い崇敬を受け、埋め立てて開かれた新田6万508坪を社有地として拝領した。

日枝《ひえ》神社

15世紀の創建と伝わる。明暦の大火後の万治2年（1659年）、現在地に移された。将軍家の産土神として信仰を集め、江戸城の裏鬼門を鎮護する役割も担った。

チェックpoint

増上寺《ぞうじょうじ》

慶長3年（1598）、江戸城南の守りを固めるために現在の芝の地に移転する。戊辰戦争時には1万人を超える政府軍駐屯地として利用されたという。明治6年（1873）に寺域の一部が芝公園となったが、元和8年（1622）建立の三解脱門がいまも威容を誇る。

「鷹狩」を通じて江戸周辺地を掌握した徳川将軍

対象エリア
葛西
中野
戸田　ほか

●公儀鷹場の設置

鷹狩とは、調教して飼い慣らした鷹を使い、鳥や小動物を捕獲する狩猟のことをいう。古くは三五五年、仁徳《にんとく》天皇が鷹狩を行なったという記録が残り、古来、天皇や貴族、豪族の間で盛んに行なわれた。

戦国大名の中では織田信長や豊臣秀吉が鷹狩を行なっているが、徳川家康もまた、しばしば鷹狩に興じている。江戸時代には鷹狩が幕府の年中行事に加えられたほか、将軍の許可制となるなど一つの制度として整備されていった。

その後、五代綱吉の時代（在位：一六八〇〜一七〇九年）、生類憐みの令に関連して一時、鷹狩が中止とされるも、八代吉宗の時代の享保元年（一七一六）に復活。翌年には江戸から一〇里四方の地域・葛西《かさい》、中野《なかの》、戸田《とだ》、目黒《めぐろ》、品川《しながわ》、岩淵《いわぶち》の六つの筋が公儀鷹場《こうぎたかば》に指定された。

公儀鷹場の中でも、最大の規模を誇ったのは葛西（現・江戸川区葛西）だった。河川や

江戸近郊に設定された鷹場

志村
戸田筋
岩淵筋
上中里
葛西筋
亀有
中野筋
高円寺
隅田川
御城
江戸城
目黒筋
上目黒
品川筋
東大森
●鳥見屋敷が設置された村

鷹場《たかば》

家康は様々な場所で鷹狩を行なったが、関東では江戸近郊の葛西をはじめ、忍や府中、川越などに赴くことが多かった。

最大の鷹場

河川や湖沼が広がり、水鳥がしばしば飛来したことから、公儀鷹場の中でも最大の規模を誇った。

チェックpoint

鳥見屋敷

御鷹場には鳥見役のほか、事前に獲物となる鳥類を捕らえて飼育し、将軍の鷹狩の際に放つ「餌差(えさし)」と呼ばれる役人も一人ずつ置かれた。

湖沼が広がり、葦《あし》や萩などが生い茂る葛西は水鳥の飛来地として最適な場所だったためである。

葛西に設置された将軍の休憩施設を、葛西（青戸《あおと》）御殿という。慶長一〇年（一六〇五）に家康が初めて使用して以降、家康、秀忠、家光の三代に渡って利用され、延宝六年（一六七八）頃に取り壊されたと考えられている。御殿は東西三五間（約六三メートル）、南北三一間（約五六メートル）で、戦国期の葛西城の本丸を再利用して普請されたものだという。堀からはスッポンの骨が出土しており、鷹狩後、将軍に供されたのではないかと見られている。

公儀鷹場の外側のエリアには尾張、紀伊、水戸の御三家の鷹場と、鷹の訓練を行なう捉《とり》飼場《かいば》が置かれた。また、鷹場には鳥見屋敷（役所）が設置され、鳥見役が鷹場の管理、治安維持などにあたった。

●鷹狩に秘められた意図

じつは鷹狩には、娯楽的な側面とは別の思惑が秘められていた。情報の収集である。鷹狩と称して領国内を歩き回ることで、民の暮らしぶりや家臣らの働きぶりを視察したのである。

それに加え、鷹場を江戸周辺の地に意図的に設けることで、これらの地域を幕府が直接掌握するしくみをつくり上げたのであった。

鷹場は軍事上の要害でもあったことから、治安維持のため、鷹場内の罪人の居住が禁じられるなどの措置も講じられている。

一方、毎年正月には将軍が自ら鶴を狩り、朝廷へ献上する「鶴御成《つるおなり》」という行事が営まれた。享保年間（一七一六〜三六年）以降は葛西筋で行なわれている。重要な行事だったことから、亀有や青戸、白鳥、四つ木には鶴の飼付場が設置され、将軍の御成になる当日まで飼付役が餌をまいて鶴を飼っていたという。なお、鷹場では獲物となる鳥類を居つかせるため、狩りや漁猟は禁止されていた。

格好の狩猟地だった駒場原

8代吉宗の時代、駒場原（現・東京大学駒場キャンパス周辺）は将軍の遊猟地に指定され、御用屋敷が設置された（『江戸名勝図会』歌川広重）。

江戸の防犯

江戸時代の牢屋敷はお金次第で待遇が変わった!?

対象エリア
小伝馬町
本所

●裁判の流れ

江戸市中には、牢屋敷が二つ置かれていた。小伝馬町《こでんまちょう》牢屋敷（現・中央区日本橋小伝馬町）と本所牢屋敷（現・墨田区両国二、三丁目）である。そのうち、町奉行の支配下に置かれたのは小伝馬町牢屋敷であった。本所牢屋敷は関東郡代《かんとうぐんだい》支配だった。

事件への関与が疑われて逮捕された容疑者は、まず町奉行所で取り調べられた。事実内容に間違いがないかの確認がなされると、町奉行は「入牢証文《にゅうろうしょうもん》」という書類を発行。容疑者を小伝馬町牢屋敷に収容した。その後、吟味方与力《ぎんみかたよりき》の取り調べ、再び町奉行による審問が行なわれ、町奉行所の白洲《しらす》で判決が申し渡されるという流れになっていた。江戸時代は現代とは異なって懲役刑がなかったので、牢屋敷は刑が確定、もしくは執行されるまでの留置場のような機能を果たしていたのである。

死刑判決が下されたときは、牢屋敷で検使与力が申し渡し、牢屋敷内で刑が執行されることになっていた。

罪人を収容した小伝馬町牢屋敷

牢屋敷跡は十思《じっし》公園へ

牢屋敷は明治8年（1875）に廃止された。その後、牢屋敷跡には刑死者を供養する大安楽寺や身延別院が建立され、昭和5年（1930）には十思公園が整備された。

石出帯刀《いしでたてわき》

牢屋敷の管理は、与力格の牢屋奉行・石出帯刀が代々世襲でつとめた。牢屋敷内に屋敷を構え、そこで生活を送った。

神田川
小伝馬町牢屋敷
現・神田駅
表門
現・小伝馬町駅
隅田川
江戸城
日本橋
永代橋
箱崎

チェックpoint

牢屋敷の構造

下級武士、僧などを収容。

御目見え以上の武士を収容。

死体を使い、新しく打った将軍の刀の切れ味を試す。

庶民を収容。

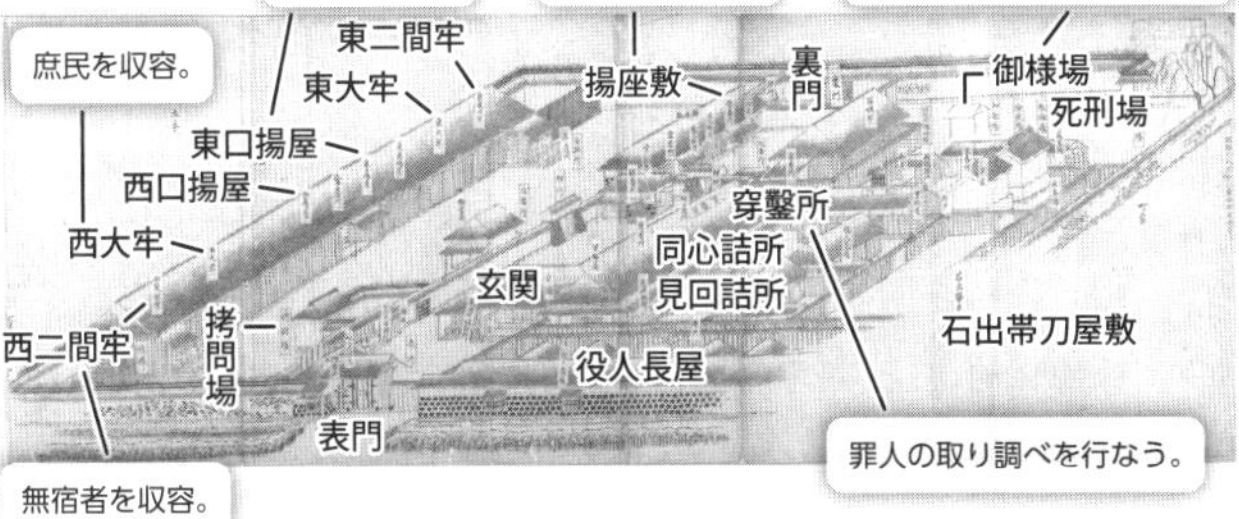

東二間牢
東大牢
東口揚屋
西口揚屋
西大牢
西二間牢
揚座敷
裏門
御様場
死刑場
穿鑿所
同心詰所
見回詰所
玄関
拷問場
役人長屋
表門
石出帯刀屋敷

罪人の取り調べを行なう。

無宿者を収容。

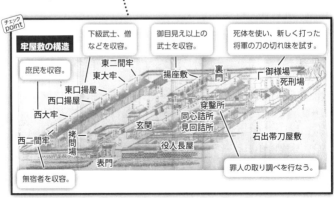

●小伝馬町牢屋敷の構造

小伝馬町牢屋敷の規模は二六七七坪で、周囲には堀が巡らされていた。収容される牢屋は身分や性別で分かれており、武士や僧を収容する「揚座敷《あがりざしき》」や「揚屋《あがりや》」、町人を収容する「大牢《たいろう》」などから構成された。多いときで一〇〇〇人近くもの罪人が牢屋敷に拘留されていたと伝わる。

また、牢屋敷の管理を行なう牢屋奉行・石出帯刀《いしでたてわき》の屋敷も内部に設置された。牢屋奉行は代々世襲の役職であり、石出の下には牢屋同心や下男などが置かれ、牢屋敷の取り締まりにあたった。

一方で、牢内では囚人の中から一二名の牢内役人（高盛役人《たかもり》）を置くことが認められ、実際には彼らが囚人を取り締まった。牢内役人の筆頭は、「牢名主《ろうなぬし》」と呼ばれる。彼らに差し出す金銭如何で牢内の待遇が変わったといい、一文も持っていない場合は折檻を受けることもあった。

この情報は広く知られていたため、牢屋敷に収容されることになった囚人たちは着物に縫い込むなどの方法で密かに金子（ツル）を持ち込んだ。

ただし、一文も持っていなくても優遇されることもあった。幕末、幕府を批判して牢屋敷に収監された吉田松陰《よしだしょういん》は金銭を持ち込まなかったが、牢内役人に彼を知る人物がいたた

大牢内の様子

図中、重ねた畳の上に座っているのが牢名主。平囚（図中奥）は1畳分の空間に6～12人が詰めて座った。

めに上座の隠居扱いをされたという。

その後、明治八年（一八七五）に牢屋敷は廃止され、跡地は売りに出された。ところが買い手がつかなかったことから、明治一五年（一八八二）、刑死者の慰霊のため、跡地に大《だい》安楽寺《あんらくじ》が建立された。翌年には身延《みのぶ》別院《べついん》も建立されている。その後、大正一二年（一九二三）の関東大震災で一帯は灰燼に帰してしまったが、昭和に入って両寺院が復興。さらに昭和五年（一九三〇）、震災からの復興公園として敷地の一部に十思《じっし》公園が整備された。こうしてかつて人々から恐れられていた土地は、憩いの場へと変貌を遂げたのであった。

職業訓練を施して自立を促した江戸時代の更生施設

対象エリア

石川島

●鬼平が進言した無宿の更生施設

慶長八年（一六〇三）に徳川家康が幕府を開いて以降、江戸の城下町は爆発的な発展を遂げた。だがその一方で、飢えにあえぐ農民や、所払《ところばら》い（居住していた場所から追い出される刑罰の一種）になった者などが無宿《むしゅく》（住所不定で人別帳《にんべつちょう》から除籍された者）となって江戸に流入。窃盗や放火などの罪を犯したり、物乞いとなって町を徘徊するなど、江戸の治安は悪化した。

とくに一八世紀後半、浅間山《あさまやま》の噴火や天明の大飢饉など天変地異が相次いで起こると、関東各地の農村からやって来る無宿が増加し、社会不安が高まった。幕府も無宿の対応には手を焼き、再犯の恐れのある者は佐渡《さど》送りにするなどの対策を講じたが、抜本的な解決には至らなかった。

そうした状況下の天明七年（一七八七）九月に火付盗賊改《ひつけとうぞくあらため》に任命された長谷川平蔵《はせがわへいぞう》は、犯罪の温床となっていた無宿を更生させる施設として、人足寄場《にんそくよせば》の設置を老中・松平定信《まつだいらさだのぶ》

無宿人を収容した人足寄場

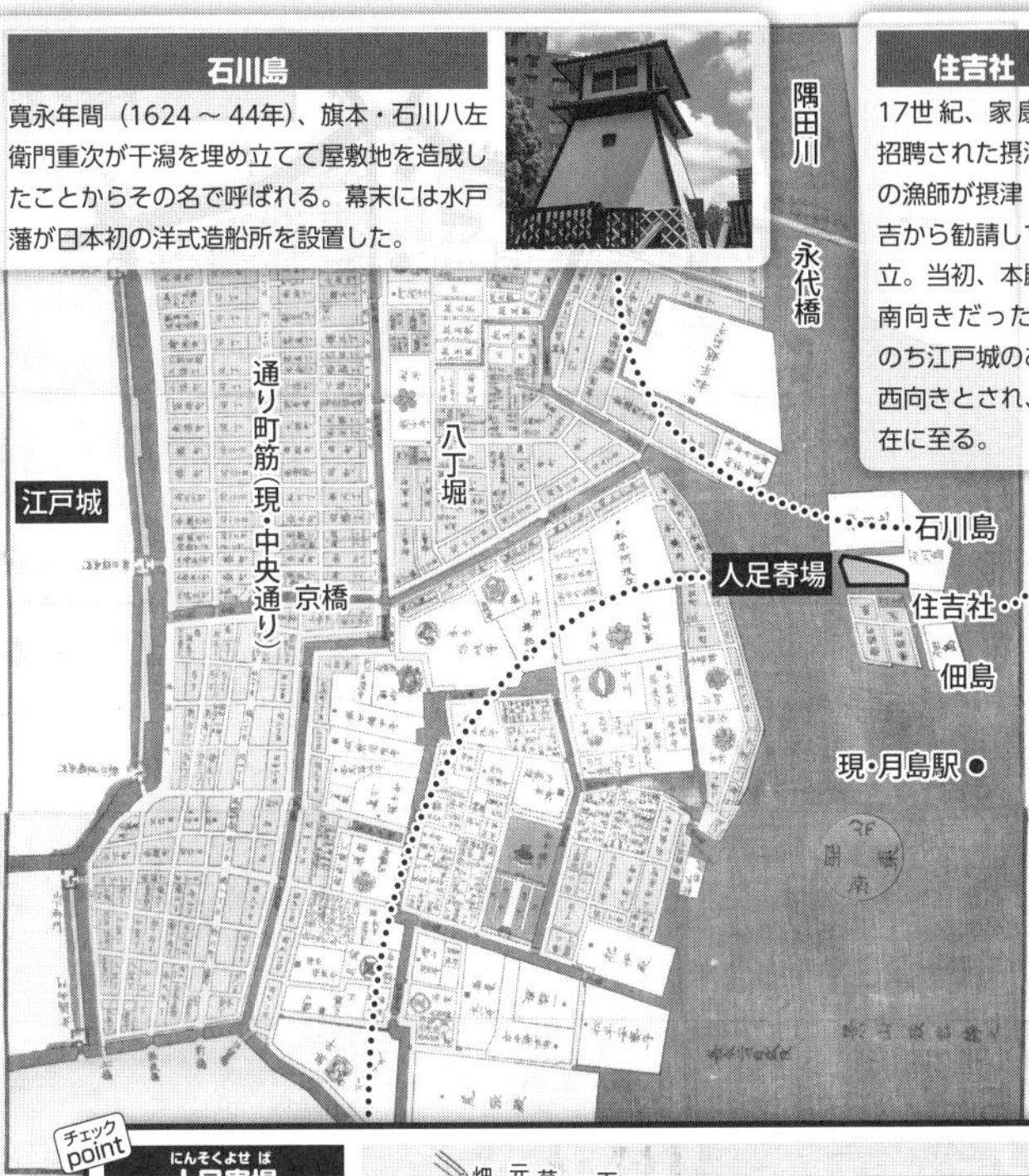

隅田川
永代橋
通り町筋（現・中央通り）
八丁堀
江戸城
京橋
人足寄場
石川島
住吉社
佃島
現・月島駅

石川島

寛永年間（1624 ~ 44年）、旗本・石川八左衛門重次が干潟を埋め立てて屋敷地を造成したことからその名で呼ばれる。幕末には水戸藩が日本初の洋式造船所を設置した。

住吉社

17世紀、家康に招聘された摂津国の漁師が摂津・住吉から勧請して建立。当初、本殿は南向きだったが、のち江戸城のある西向きとされ、現在に至る。

チェック point

人足寄場《にんそくよせば》

寛政2年（1790）、江戸市中の無宿者の更生施設として設置される。敷地面積は約1万6030坪。そのうち、紙漉きや油絞などの作業を行なう仕事場の面積は約3600坪だった。更生した者には島を出る際、生活資金として銭5～7貫目が支給された。

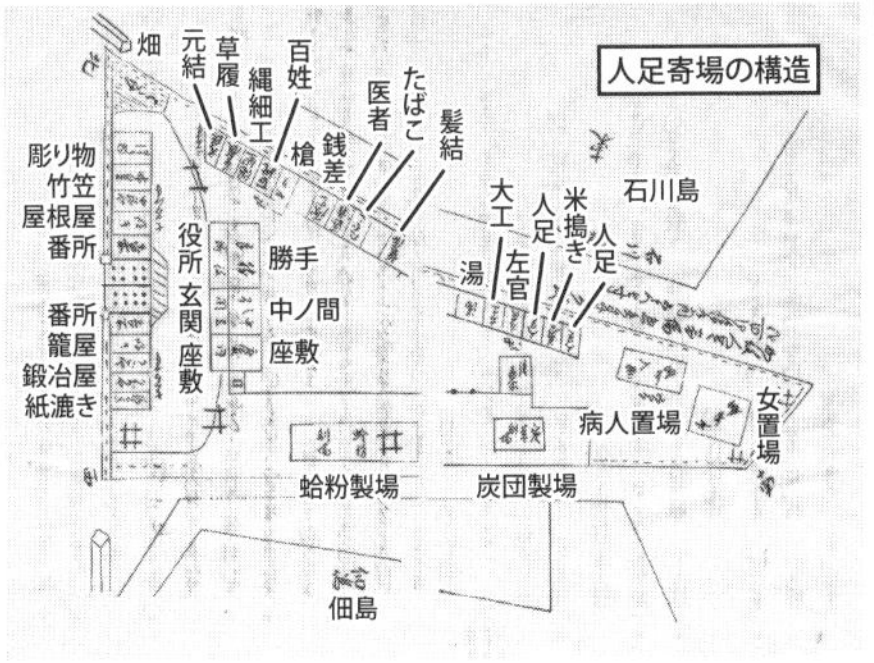

人足寄場の構造
畑
元結
草履
縄細工
百姓
槍
医者
銭差
たばこ
髪結
彫り物
竹笠
屋根屋
番所
役所
玄関
勝手
中ノ間
座敷
番所
籠屋
鍛冶屋
紙漉き
大工
人足
米搗き
人足
石川島
湯
左官
病人置場
女置場
蛤粉製場
炭団製場
佃島

に上申した。こうして寛政二年（一七九〇）、石川島の石川大隅守《おおすみのかみ》の屋敷裏にあった葭沼《よしぬま》一万六〇三〇坪を御用地とし、そこを整地して人足寄場が開設された。のち、石川大隅守の屋敷地も人足寄場に編入されている。

なお、長谷川平蔵は池波正太郎の小説『鬼平犯科帳』の主人公として知られる。延享二年（一七四五）、旗本の子として生まれた平蔵は、安永二年（一七七三）に父の死に伴って家督を継ぐと、西の丸書院番、徒頭《かちがしら》、先手弓頭と順調に昇進を重ねていった。天明七年（一七八七）、飢饉や浅間山の噴火で米価高騰に苦しんだ江戸の人々によって打ちこわしが起こると、平蔵は暴動の鎮圧に目覚ましい活躍をなしたという。この功績が認められ、火付盗賊改に任命されたのであった。

●人足寄場の構造

人足寄場には、江戸市中の無宿が男女問わず収容された。開設当初の収容定員は約一〇〇人だったが、最盛期には六〇〇人を収容できるまでに拡張された。

人足寄場には油を絞ったり、紙を漉《す》いたりと様々な作業を行なう施設が用意され、収容された無宿はそうした作業を通じて手に職をつけるとともに、給与を手にした。とくに油絞は年間で金八〇〇〇両（約一億円）の収益を上げたといい、そこから道具代など二割を差

人足寄場からマンション群へ

明治以降、佃島・石川島周辺の埋め立てが行なわれ、現在の月島エリアが造成された。現在はオフィスビルや高層ビルが建ち並ぶ。

し引いた金額が無宿の給与となった。給与のうち、三分の一は役人に強制的に徴収されたが、それは彼らが出所後に自立するための資金として使われた。

その後、嘉永六年（一八五三）、人足寄場があった場所には洋式造船所が開設された。明治以降は石川島平野造船所、石川島造船所となり、戦後は石川島重工業、石川島播磨重工業と変遷を遂げた。だが、造船業が不振に陥ったことから、やがて土地は三井不動産に売却され、現在は高層マンションやオフィスビルが建ち並ぶエリアへと変貌を遂げたのであった。

江戸の通貨

江戸のお金は金・銀・銭の三貨制、金座と銀座が江戸経済の中心を担う

対象エリア

日本橋
人形町 ほか

●金貨を鋳造する金座

江戸時代の貨幣には、金貨、銀貨、銭貨という三種類があった。これを「三貨制」という。元禄一三年（一七〇〇）一一月、幕府は金・銀・銭三貨の交換比率を「金一両＝銀六〇匁＝銭四貫文」と定めたが、貨幣の改鋳などによってレートは常に変動していた。江戸時代後期頃の物価を現代の価格に換算すると、金一両は約一〇〜一五万円くらいであったという。

なお、当時は「江戸の金遣い、上方の銀遣い」といわれており、名古屋より東の地域では金貨が、西の地域では銀貨が主に流通していた。また、金貨と銭貨は一枚の額面が定められた計数貨幣として流通していたが、銀貨は取引のたびに重さを秤で量る秤量《しょうりょう》貨幣だった。

三貨のうち、金貨の鋳造を一手に引き受けていたのは、「金座」と呼ばれる役所だった。当主は後藤《ご とう》庄三郎《しょうさぶろう》で、もともと京の金工・後藤徳乗《とくじょう》の弟子だったが、文禄四年（一五九

日本橋に設置された金座と銀座

神田橋御門
勘定奉行所
常盤橋御門
本両替町
現・日本銀行
金座
現・三越前駅
駿河町
日本橋
江戸橋
現・人形町駅
銀座

金銀の両替場

本両替町という地名は、銀座役所の移転でできた新両替町（現・銀座2丁目周辺）と区別するために改称されたものだという。

勘定奉行所

金座には毎日、勘定奉行支配下の役人が派遣されていた。

銀座

ここでは丁銀や小玉銀などの銀貨の鋳造や鑑定、買い取り、販売などといった業務が行なわれた。

チェック point

金座

金座では金貨の鋳造のほか、鑑定、修理、交換、検定極印の打刻、包金の包封などの業務を行なった。下図は金貨鋳造の様子を描いた『徳川時代の金座』。跡地に建つ日本銀行本店の分館・貨幣博物館では、徳川時代の金貨を実際に見ることができる。

五）頃、徳川家康の要請を受け、徳乗の名代として江戸に下向した。

庄三郎は江戸に居住地を賜るとともに御金改役《ごきんあらためやく》を拝領。以来、代々世襲で役職を受け継いでいった。

当初、金座は本両替町（現・日本橋本石町）付近に置かれたが、その後、本郷霊雲寺前を経て日本橋本町に移転した。現在の日本銀行本店の地である。

金座は後藤家の屋敷と、勘定所・包所などの役所、吹所・延所・細工所などの工房から構成されていた。金座で鋳造された金貨は小判と一分判が中心だったが、江戸後期には二分判や二朱判、一朱判、五両判も鋳造されるようになった。役所には毎日勘定奉行所から金座掛の勘定衆が派遣されるなど、実質、幕府の公的機関として運営がなされており、銀座とともに勘定奉行の支配下に置かれた。

なお、金座は駿府や京、佐渡にも置かれていたが、駿府では慶長小判まで、京・佐渡では元文小判まで金貨が製造された。その後は江戸の金座でのみ金貨が製造されるようになり、そのほかの金座では包封や鑑定などの業務を行なうのみとなった。

●銀貨を鋳造する銀座

銀貨の鋳造を担っていたのは、銀座である。慶長六年（一六〇一）、家康は大黒屋常是《だいこくやじょうぜ》を銀吹人に任じて京・伏見に銀座を設置。その後、家康の駿府移転に伴って慶長一一年（一六〇六）、駿府にも銀座出張所が設置されたが、慶長一七年（一六一二）、京橋新両替町（現・中央区銀座二丁目付近）に移された。

銀座は、銀貨を製造する役所と、そのほかの業務を担う銀座会所などから構成されていた。江戸時代初期の頃は京、駿府、佐渡に置かれた出張所でも銀貨の鋳造が行なわれていたが、やがて江戸の銀座に集約された。寛政一二年（一八〇〇）には、京橋から日本橋蠣《かき》殻《がら》町（現・中央区人形町一丁目付近）に移されている。当時は京橋から新橋までが銀座通りと称され、大いに賑わいを見せたという。

一方、銭貨を鋳造する銭座は金座、銀座とは異なり、常設の役所ではなかった。必要に応じて各地に設置されたのである。製造は民間の業者が請け負い、江戸には浅草や亀戸、本所、深川などに銭座が置かれたという。

江戸期以来の伝統を持つ老舗や高級ブランドショップなどが建ち並ぶ銀座という地名は、銀座役所が現在の銀座2丁目付近に移転したことにちなむ。明治に入って正式な町名として採用された。

江戸の刑罰

街道沿いに刑場が置かれたのは犯罪を事前に防ぐため！

対象エリア

千住

品川

●見せしめのための処刑

有罪が確定した囚人には、様々な刑罰が科せられた。もっとも軽いものは罪を犯したことを叱責する「叱《しか》り」、もっとも重いものは「死刑」である。一口に死刑といっても、罪の重さによって処刑法は異なり、「下手人《げしゅにん》」「死罪」「獄門《ごくもん》」「火罪」「磔《はりつけ》」「鋸挽《のこぎりひき》」「切腹」の七種類があった。

このうち切腹は、武士のみに許されていた刑罰である。武士の名誉に関わる事案が発生した際、その名誉を回復するために行なわれた礼法上の一つの作法のことで、江戸時代に刑罰の一つとなった。罪を償うため、自身の誠実さを証明するため、自らの恥を雪《すす》ぐためなど、様々な場合において武士は腹を斬ったのである。

ただし、同じ武士であっても身分によって多少の違いがあり、身分の高い武士が切腹する場合は横に置いた畳に対して縦に二枚並べ、その上に布団が敷かれた。下級の武士は一枚の畳に座り、そこで切腹した。

江戸の出入り口に置かれた刑場

千住大橋
現・南千住駅
火葬場
小塚原刑場
日光道中
浄閑寺
現・三ノ輪駅
新吉原
浅草寺
隅田川
大川橋（吾妻橋）
現・浅草駅

火葬場

江戸期当初、遺体は各寺院で荼毘にふされていたが、寛文6年（1666）、幕府は火葬場を小塚原、千駄ヶ谷、桐ケ谷、渋谷狼谷、焙烙新田の5か所に設定した。小塚原の火葬場の規模は110メートル四方ほど。真言宗や天台宗、禅宗、日蓮宗、浄土宗、浄土真宗の計19寺によって共同管理がなされた。

チェックpoint 小塚原刑場《こづかっぱらけいじょう》

日光道中沿いに設置される。明治12年（1879）に廃止されるまで、20万人以上もの罪人がこの場所で処刑された。現在、跡地は延命寺となっており、境内には寛保元年（1741）に造立された首切り地蔵が残る。

鈴ヶ森刑場《すずがもりけいじょう》

東海道沿いに設置される。明治4年（1871）に廃止されるまで、20万人以上の罪人の処刑が行なわれたという。現在、跡地には石碑が残る。

江戸の刑罰

江戸時代の刑罰には過料、入墨、呵責、押込、敲、追放、遠島、死刑などの種類があり、そのほか、引回晒首、闕所、晒などの付加刑があった。右図は、火罪を描いた『徳川幕府刑事図譜』。

●処刑による犯罪予防

江戸時代の刑罰の特徴は、見せしめの意味合いが強かった点にある。

たとえばムチ打ち刑である「敲《たたき》」は牢屋敷門前で公開処刑された。下帯だけの姿にさせられた罪人は多くの見物人の方向に顔を向けられ、激痛に顔を歪める姿をまざまざと見られることになった。肉体の痛みに加え、精神的な痛みも負わせることで、罪人に二度と罪を犯さないという気持ちを起こさせたのである。また刑を見物する人々の犯罪抑止にも一役買った。

江戸市中に設置された二つの刑場の位置関係からも、幕府が刑罰を庶民への見せしめとして利用していたことがうかがえる。

江戸には小塚原《こづかっぱら》刑場と鈴ヶ森《すずがもり》刑場が置かれていた。小塚原刑場は間口六〇間（約一〇八メートル）×奥行三〇間（約五四メートル）、鈴ヶ森刑場は間口四〇間（約七四メートル）×奥行九間（約一六メートル）である。どちらの刑場で刑が執行されるかは出身地で決まったといい、東国出身者は小塚原刑場、西国出身者は鈴ヶ森刑場へ送られたという。いずれも交通量の多い街道沿いに設置されているのが特徴で、小塚原刑場は日光道中、鈴ヶ森刑場は東海道沿いに置かれた。

両刑場では、「獄門」以上の刑が執行された。「獄門」で斬首された処刑者の首が晒され

小塚原刑場の様子

小塚原刑場が置かれた場所は江戸への出入り口にあたることから、常に人の往来が激しかった。絵図にも、街道を往く人が処刑された者の姿を見ている姿が描かれている（『傳衢暗記』）。

たほか、刑木に縛りつけられた状態で槍で突かれて処刑される「磔」、同じく刑木に縛りつけられた状態で火あぶりにして処刑される「火罪」などもここで執行されている。これから江戸へ向かおうとする人々の心胆を寒からしめたのは間違いないだろう。幕府は刑罰を行なうと同時に、犯罪の予防も行なっていたのである。一方で、両刑場には怖いもの見たさに刑の執行の見物に訪れる庶民が多かったという。

　両刑場とも、廃止されるまでに約二〇万人の罪人の死刑が執行されたと伝わる。

江戸の関門

防犯対策の一環として設置された「大木戸」と「木戸」

対象エリア
四谷
高輪　ほか

●街道沿いに置かれた二つの大木戸

大木戸《おおきど》とは、江戸の町の出入り口に設置された関門・検問所のことである。江戸周辺には、甲州道中沿いに「四谷《よつや》大木戸」、東海道沿いに「高輪《たかなわ》大木戸」という二つの大木戸が置かれていた。

四谷大木戸が設置されたのは、元和二年（一六一六）のことだった。大木戸の両側には石垣が高く積まれ、番小屋に詰めた役人が往来する人や物資の監視を行なった。人通りが多いことから、高札場も設置されている。

大木戸は、明六ツ（午前六時頃）から暮六ツ（午後六時頃）まで開かれた。当然、夜間の通行は禁じられたが、寛政四年（一七九二）、経費の問題から大木戸が撤去され、以降は自由に通行できるようになったという。また、四谷大木戸のそばには、玉川上水の水質や水位、汚す者がいないかを管理する水番所も置かれていた。

一方、高輪大木戸は宝永七年（一七一〇）頃に設置された。四谷大木戸同様、大木戸の

四谷大木戸の構造

内藤駿河守屋敷
高札場
四谷大木戸
玉川上水
至内藤新宿
番小屋
至四ツ谷門

四谷大木戸を過ぎると、江戸城までまっすぐ道が続いていた。そのため大木戸の内側には御家人の組屋敷が建ち並び、守りが固められた。

両側に石垣が積まれ、不審者がいないか門番が目を光らせた。それまで芝口門辺りにあった高札場も大木戸の近くに移されている。

海沿いにあって非常に眺めがよく、東下りや京上り、伊勢参りの旅人などは必ずここを通ったことから、大木戸周辺には旅人目当ての茶屋や屋台が建ち並び、大いに賑わいを見せたと伝わる。

●江戸の町に置かれた木戸

江戸の町々の境にも、防犯・防火のための木戸が設置されていた。

開門は夜が明ける明六ツ（午前六時頃）で、閉門は辺りがすっかり闇に包まれた夜四ツ（午後一〇時頃）。木戸脇の番小屋に住み込んだ木戸番（通称・番太郎）が、木戸の開閉を行なった。木戸の隅には「犬潜《くぐ》り」が設けられており、犬や猫も通行できるように配慮がなされていた。

ただし、木戸が閉まっている間は原則、医者と産婆以外の者の通行は禁じられた。だが、どうしてもやむを得ない場合は木戸の左右に設けられた潜戸《くぐりと》から出入りさせ、拍子木を打って次の木戸番に通行があることを知らせたり、木戸番が次の町の木戸まで送り届けたりして、犯罪や逃亡を未然に防いだ。江戸の泥棒が軒や屋根の上を伝って逃げたのは、夜、道が木戸で封鎖されていたためである。

なお、番小屋に居住して木戸の開閉にあたった木戸番の給金は、各町から支払われた。だが年間で一両ほどと薄給であったことから、木戸番は番小屋で草履《ぞうり》や草鞋《わらじ》、チリ紙、ろうそく、箒《ほうき》などの日用雑貨、子供向けの駄菓子や焼き芋、おもちゃなどを売ることを認められていた。そのため、番小屋は商番屋とも呼ばれた。現代でいうところのコンビニエンスストアである。

この副業は結構な儲けとなったといわれるが、それ以外にも近隣の町人や子どもたちと顔見知りとなることで、不審者の発見にいち早く気づけるという側面もあった。なお、木戸番には老人が多かったというが、これは給金を安く済ませるためであったという。

街道の入口に設けられた大木戸

チェックpoint

四谷大木戸《よつやおおきど》

甲州道中から江戸へ入る玄関口。現在の新宿通り四谷四丁目交差点にあたり、新宿区四谷区民ホールの一角に石碑が残る。

高輪大木戸《たかなわおおきど》

東海道から江戸へ入る入口。当時は東海道の両側に石垣が設置されていたが、明治に入って西側の石垣が撤去された。現在は第一京浜東側に石垣の一部が残る。

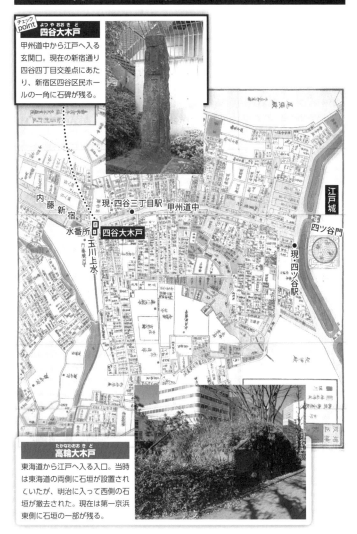

古地図の見方―其之壱―

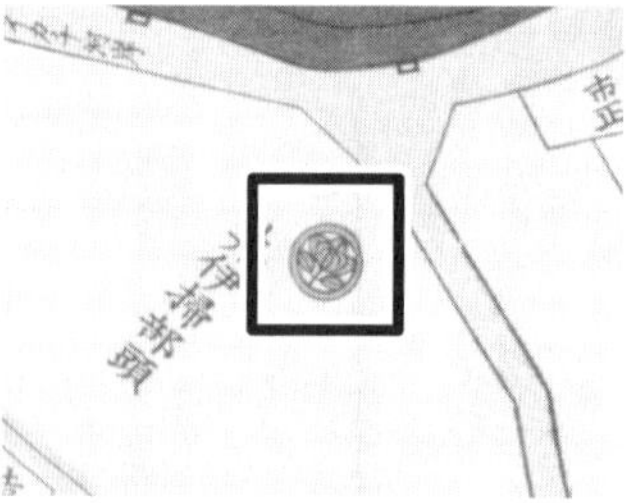

家紋が付された大名屋敷は「上屋敷」であることを示す。

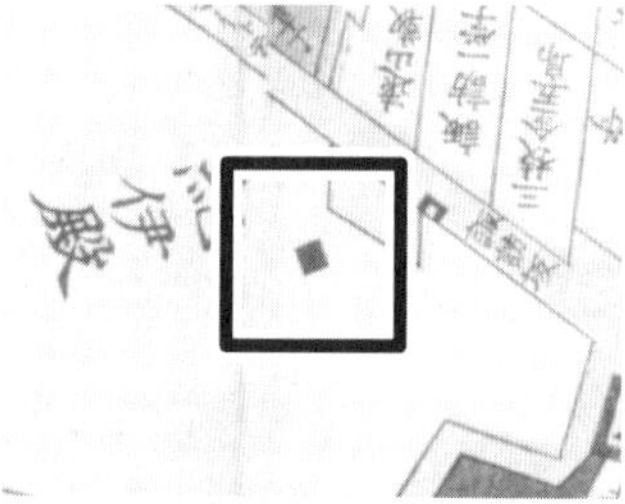

「■」マークが付された大名屋敷は「中屋敷」であることを示す。

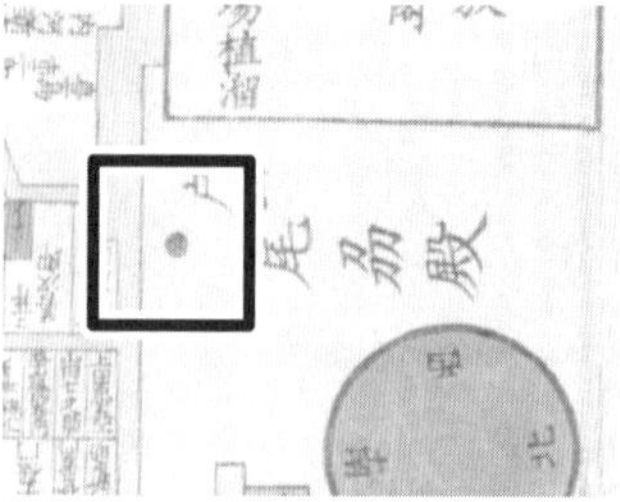

「●」マークが付された大名屋敷は「下屋敷」であることを示す。

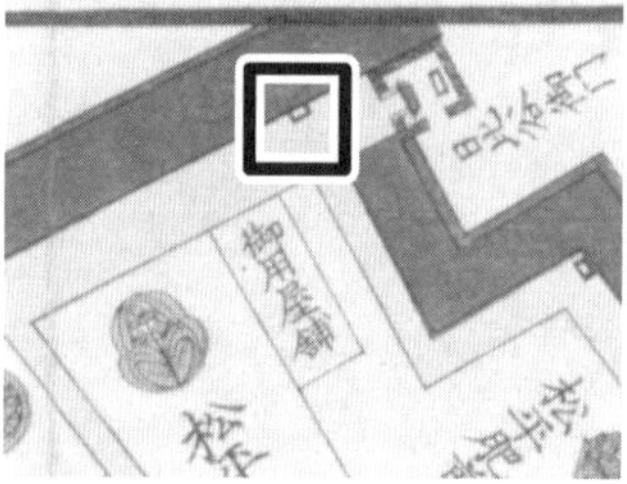

古地図中の「□」マークは辻番を指す。

「御門」「御用地」などの「御」は幕府の所有物であることを指す。

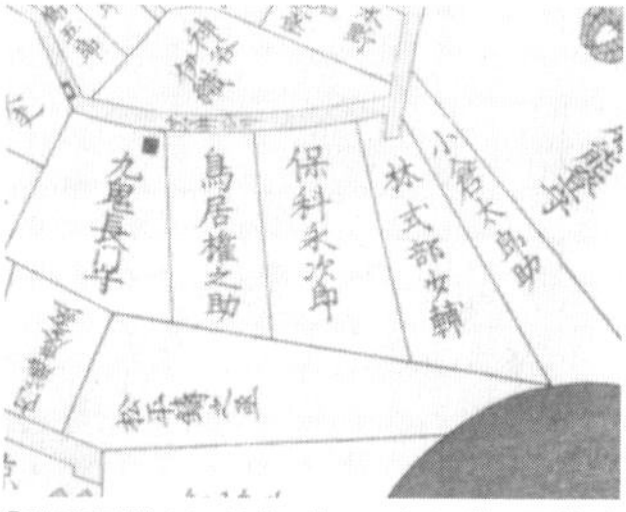

「武家屋敷」には色づけはされず、屋敷地を拝領した武士の名前が記された。

【第三章】古地図で読み解く

江戸の暮らし～武士編～

武家政権のトップとして日本を治めた将軍はどんな生活を送っていた？

対象エリア
皇居周辺

●普段将軍はいなかった御座之間

将軍が日常生活を過ごした中奥は、上之錠口《かみのじょうぐち》（黒書院《くろしょいん》北）と土圭之間《とけいのま》（時斗之間《とけいのま》・口奥《くちおく》）で表と厳密に区切られていた。上之錠口は杉戸で閉鎖され、また口奥には土圭之間坊主が常に詰めていた。中奥のうち、西側一帯が将軍の生活の場（御座所《ござしょ》）となっており、「御座之間《ござのま》」、「御休息《おきゅうそく》」、「御小座敷《おこざしき》」などが配された。

御座之間は、上段之間、下段之間、御次之間、御側衆《おそばしゅう》詰所、大溜之間《おおだまりのま》などからなる。ここは応接間のような役割を果たし、老中や若年寄との面談、御三家や御三卿との面会、三〇〇〇石以上の役人の任命などが行なわれた。

御座之間に続く御休息は上段之間と下段之間とで構成される。将軍の居間といった体裁であり、将軍の周囲を常に小姓《こしょう》が侍っていた。奥儒者《おくじゅしゃ》（将軍への講義を担当）の講釈や老中からの伺いの書類を決裁するときなどは人払いをし、小姓を部屋の外に出した。将軍は主にこの御休息で日常を過ごし、寝るときは上段之間を利用した。起床は明六ツ（午前六時頃）。小姓の「もう」という掛け声を合図として起きると、小姓の世話を受けて歯磨きや洗顔、月代《さかやき》・ひげ剃りをして身だしなみを整えた。朝五ツ（午前八時頃）、御髪番《おぐしばん》に髪を結われながら朝食をとる。その後、大奥へ向かって御台所《みだいどころ》や御目見得《おめみえ》以上の奥女中の挨拶を受けた（朝の総触《そうぶ》れ）。昼四ツ（午前一〇時頃）、将軍は中奥へ戻ると、昼九ツ（正午頃）の昼食休憩をはさみ、公務に着手。仕事を終えたら、学問や武芸の鍛錬に励んだ。

●将軍の遊び場

御座之間、御休息とも私的な空間だったとはいえ、執務を行なうこともあり、完全にリラックスできるとはいえなかった。そこで設けられたのが、御小座敷だった。御小座敷に付属して楓《かえで》之間、鷹《たか》之間などの遊び部屋もつくられている。夕食後（午後五時頃）から就寝（午後一〇時頃）まで、将軍はこれらの部屋で小姓と将棋や囲碁などに興じ、寛ぎの時間を過ごした。

なお、五代綱吉の時代まで御休息や御小座敷は設置されていなかったが、貞享元年（一六八四）、御座之間側の御用部屋で若年寄・稲葉正休《いなばまさやす》が大老・堀田正俊《ほったまさとし》を刺殺するという事件が起きたことを受け、御用部屋が表に移されるとともに、中奥のさらに奥に御休息と御小座敷が設けられたという。

江戸城本丸御殿中奥の構造

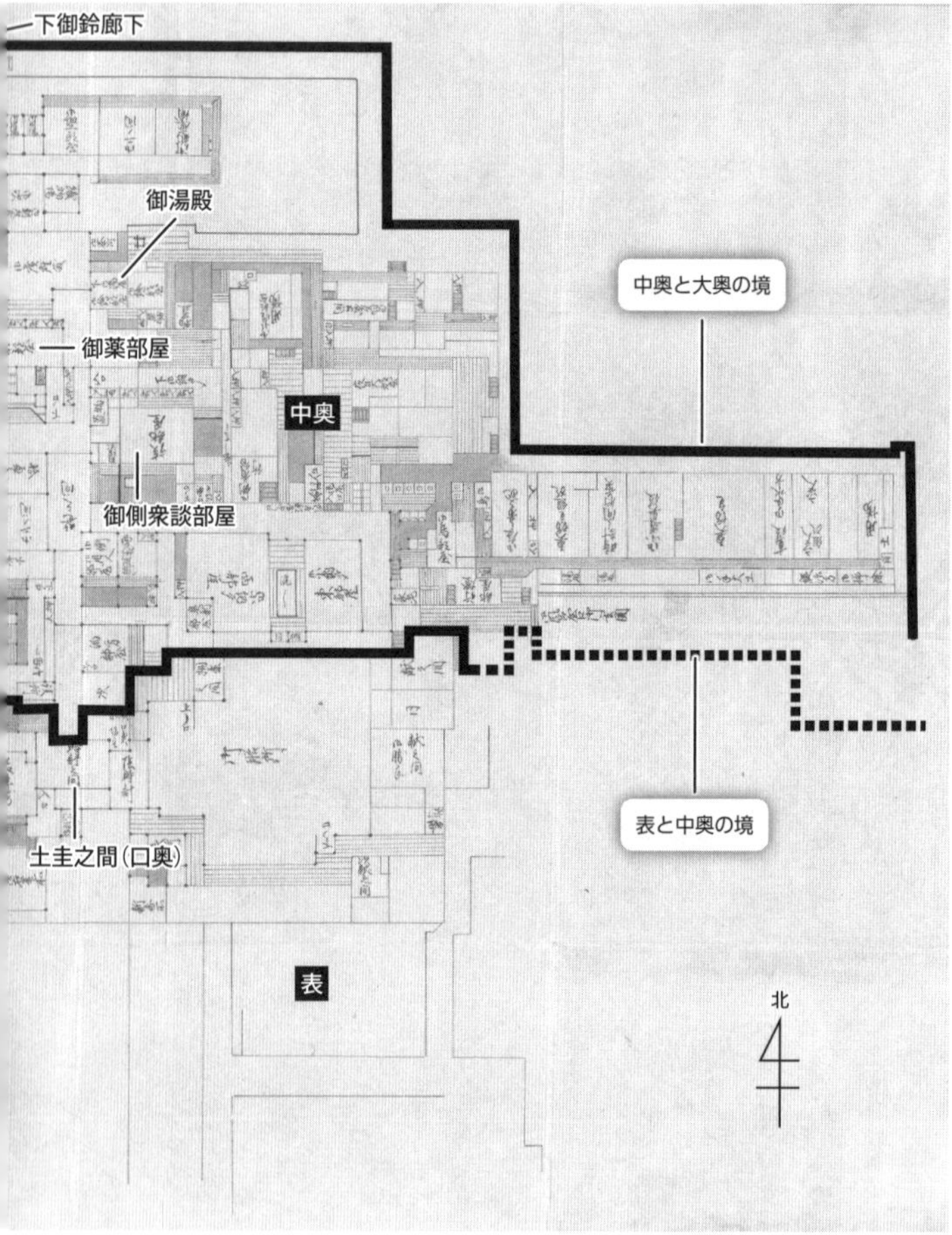
下御鈴廊下
御湯殿
御薬部屋
中奥
御側衆談部屋
中奥と大奥の境
表と中奥の境
土圭之間(口奥)
表
北

チェックpoint

穴道

中奥には危急の際に将軍が城外へ脱出することができる抜け道が備えられていた。

御用之間《こようのま》

4畳半ほどの小座敷。将軍はここで書類や訴状などの判物に花押を書いたり朱印を押したり、また、朝廷への手紙などを書いたりした。

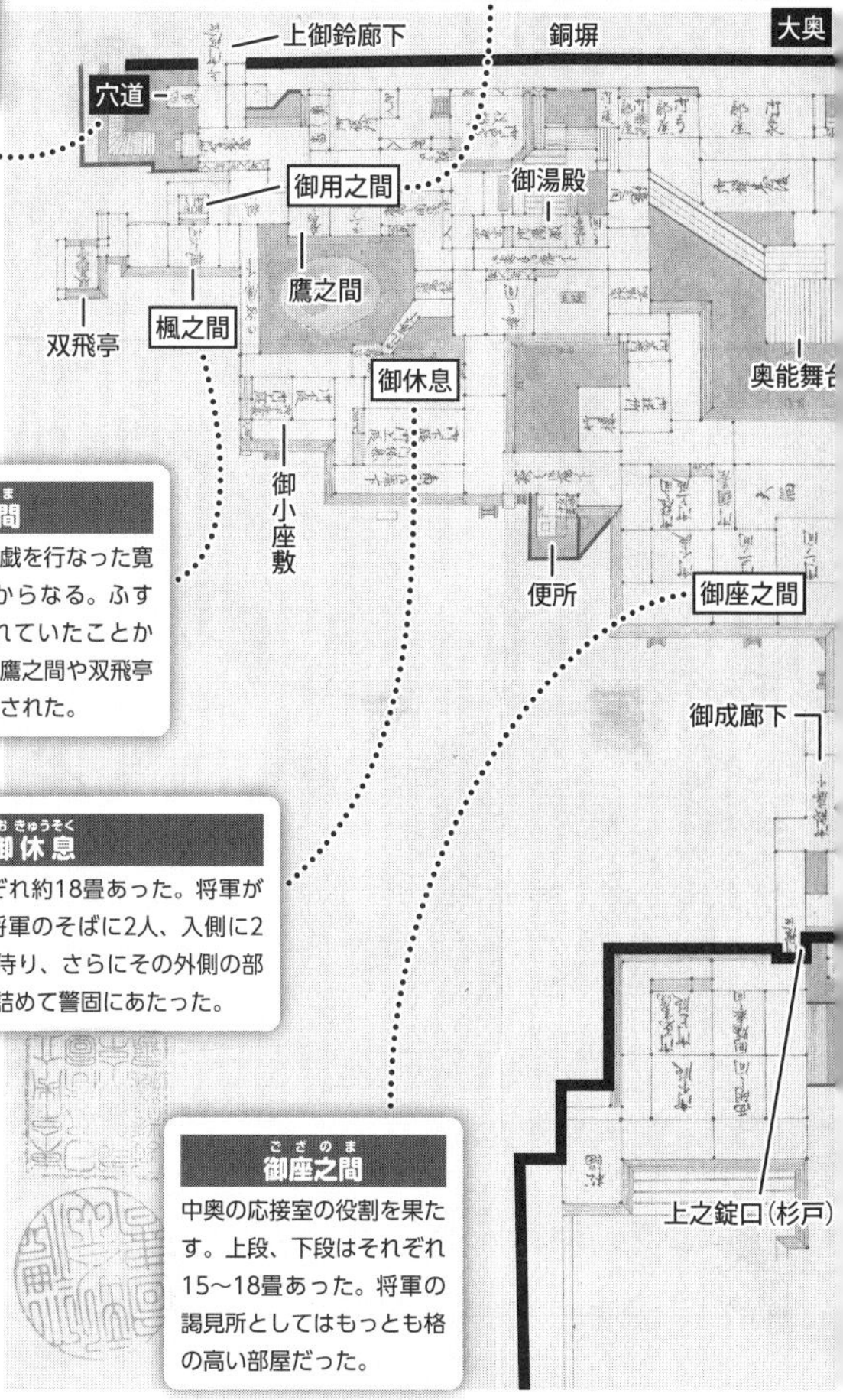

上御鈴廊下
銅塀
大奥
穴道
御用之間
御湯殿
鷹之間
双飛亭
楓之間
御休息
奥能舞台
御小座敷
便所
御座之間
御成廊下
上之錠口(杉戸)

楓之間《かえでのま》

将軍が小姓相手に遊戯を行なった寛ぎの空間。8畳2間からなる。ふすまに楓の絵が描かれていたことから、その名がつく。鷹之間や双飛亭も同様の目的で使用された。

御休息《おきゅうそく》

上段と下段はそれぞれ約18畳あった。将軍が休むときは小姓が将軍のそばに2人、入側に2人、下段之間に2人侍り、さらにその外側の部屋には小納戸が2人詰めて警固にあたった。

御座之間《ござのま》

中奥の応接室の役割を果たす。上段、下段はそれぞれ15〜18畳あった。将軍の謁見所としてはもっとも格の高い部屋だった。

将軍の奥入り

将軍の正室が暮らした大奥にはどんな部屋があった？

対象エリア

皇居周辺

●御台所の部屋が置かれた御殿向

将軍の正室である御台所や女中が生活を送った大奥は、中奥とは銅塀で仕切られていた。上御鈴廊下《かみおすずろうか》、下御鈴廊下という二つの廊下でのみ結ばれ、廊下の間に設置された御錠口《おじょうぐち》が中奥と大奥の境となっていた。御鈴廊下の中奥側には鈴をつけた長い紐があり、将軍が大奥へ入るときは鈴の音を鳴らして知らせ、御鈴番所に詰めていた女中が扉を開けた。

大奥は、「御殿向《ごてんむき》」「長局向《ながつぼねむき》」「広敷向《ひろしきむき》」という三つの空間で構成されている。

そのうち、御台所が日常を過ごした住まいは御殿向の北にあった。居間の機能を果たした新御殿御上段・御下段と御休息之間、寝所《しんじょ》とされた御切形之間《おきりかたのま》、衣装の着替えや化粧を行なう御納戸《おなんど》、種々の儀式が執り行なわれる御座之間《ござのま》など、多くの部屋があった。

将軍が大奥に泊まるときに使用した御小座敷《おこざしき》は、上御鈴廊下を渡ってすぐのところにある。御上段は寝所で、御下段は当番女中の控えの間だった。将軍が御台所と過ごす場合は寝所の次之間に御年寄《おとしより》と御中臈《おちゅうろう》が控え、側室の場合は将軍の布団の両側に監視役の御中臈

御台所の御召替え

通常、御台所は1日に3度、衣装を着替えた。正月などの行事の際には日に5回も着替えたといい、衣装代だけでも莫大な経費がかかった。(『千代田の大奥 お召かへ』楊洲周延)

と御坊主（女性）の布団が敷かれた。
また、御殿向には大奥の女中が勤務する役所も併設されていた。

●長局向と広敷向

大奥では、一〇〇〇人以上の女中が働いていたという。彼女たちは、「長局」と呼ばれる二階建ての長屋に住んでいた。三代家光の時代には二棟だったというが、時代を経るごとに拡張されていき、弘化二年（一八四五）には天守台の東に四棟、広敷の南に一棟、さらに小規模な長局が幾棟か置かれるまでになった。

一方、大奥は男子禁制のエリアであるが、広敷向には女中を管轄する留守居《るすい》など、男性の役人が働く部署が置かれていた。ただし、御殿向とは「御錠口」、長局向とは「七ツ口」でしっかりと区切られており、原則、行き来することはできなかった。

江戸城本丸御殿大奥の構造

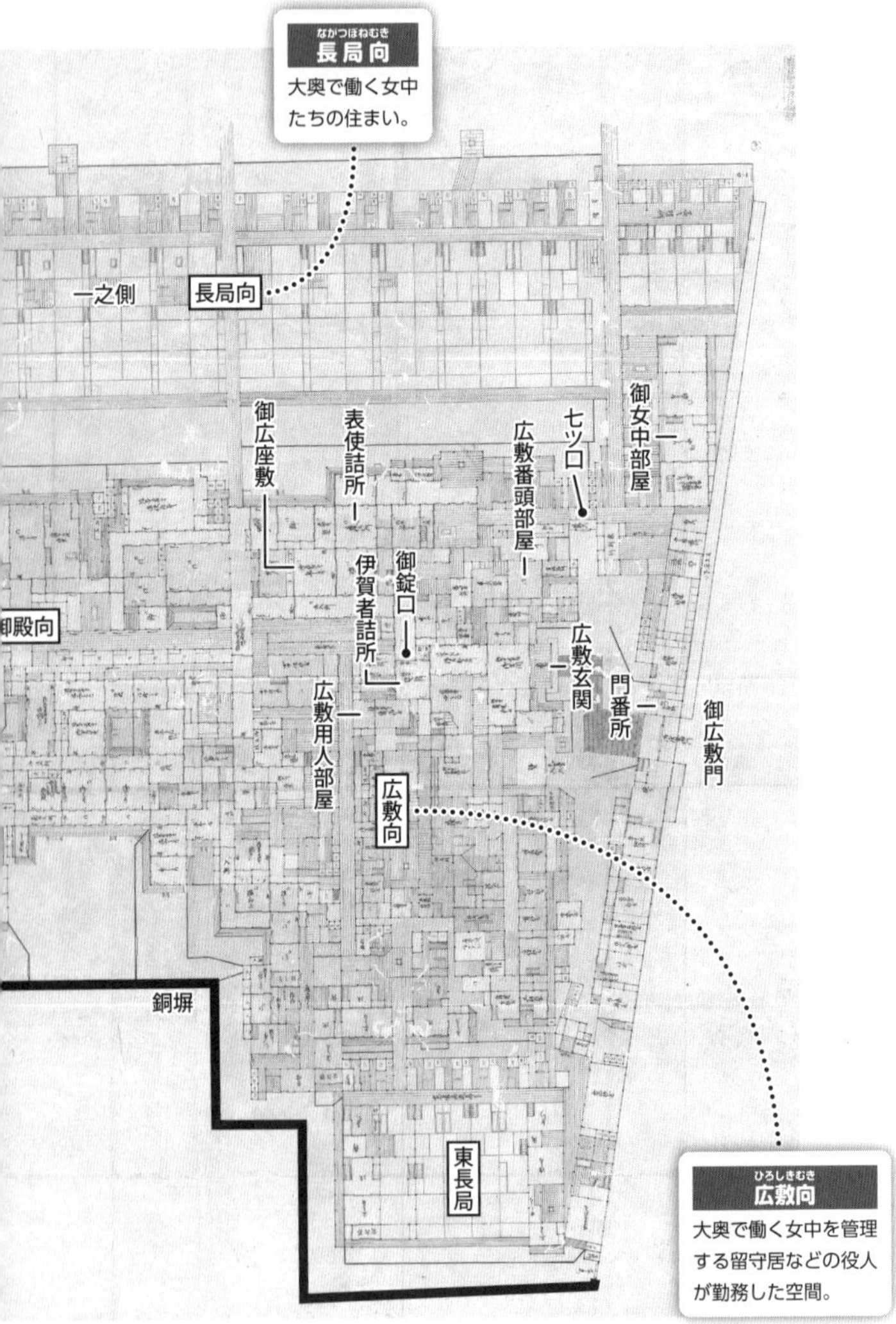

長局向《ながつぼねむき》
大奥で働く女中たちの住まい。
一之側
長局向
御広座敷
表使詰所
広敷番頭部屋
七ツ口
御女中部屋
伊賀者詰所
御錠口
御殿向
広敷玄関
門番所
御広敷門
広敷用人部屋
広敷向
銅塀
東長局
広敷向《ひろしきむき》
大奥で働く女中を管理する留守居などの役人が勤務した空間。

御台所の居間

新御殿上段と下段、御休息などから構成される。寝るときは御切形之間が用いられた。

御台所の応接間

御座之間上段と下段、二之間、三之間、御小座敷、御溜之間などからなる。御座之間では数々の儀式が執り行なわれた。

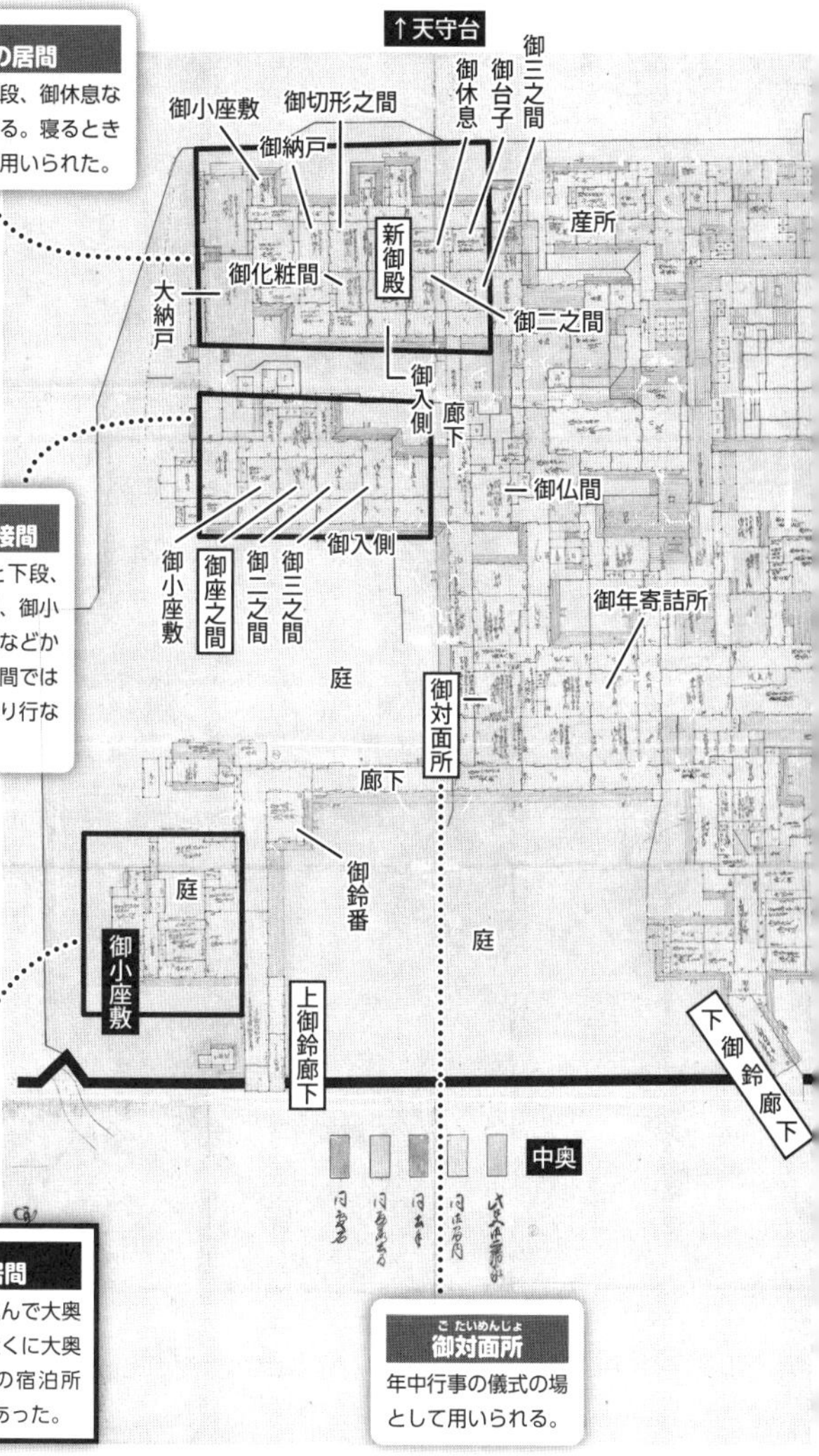

↑天守台
御小座敷
御切形之間
御納戸
御休息
御台子
御三之間
新御殿
産所
御化粧間
大納戸
御二之間
御入側
廊下
御仏間
御小座敷
御座之間
御二之間
御三之間
御入側
御年寄詰所
庭
御対面所
廊下
御鈴番
庭
御小座敷
庭
上御鈴廊下
下御鈴廊下
中奥

チェックpoint

将軍の居間

上御鈴廊下を進んで大奥へ入ったすぐ近くに大奥における将軍の宿泊所「御小座敷」があった。

御対面所《ごたいめんしょ》

年中行事の儀式の場として用いられる。

大名は幕府から拝領した屋敷以外にも内密に屋敷を購入していた!?

対象エリア
本郷
品川　ほか

●江戸参勤のために与えられた土地

武家地の過半を占めた大名屋敷の歴史は、徳川家康が江戸に入府し、譜代の家臣に屋敷を与えたことにはじまる。その後、家康が江戸に幕府を開くと、諸大名が忠誠の証として差し出した妻子や親族のため、また大名の江戸出府時の滞在施設として屋敷地を下賜するようになった。このときはあくまでも各大名が自主的に江戸への参勤をはじめたわけだが、三代家光の治世下の寛永期（一六二四～四四年）に参勤交代が制度化されて、大名の江戸参勤が義務づけられると、すべての大名に屋敷地が与えられた。

なお、幕府から諸大名に与えられたのは屋敷地のみであり、土地の造成から屋敷の建造までは諸大名自ら行なう必要があった。

●拝領屋敷と抱屋敷

大名屋敷は、幕府から下賜された「拝領屋敷」と、農民などから内々に屋敷地を購入し

幕府の命でなされた屋敷替

隅田川
チェックpoint
本所に移された弘前藩上屋敷
旗本屋敷がひしめく中、ひと際広大な敷地を誇るのが弘前藩上屋敷。もともとは神田にあったが、烏山藩の御家騒動に連座し、元禄元年（1688）、本所への屋敷替が行なわれた。このような懲罰による屋敷替は江戸時代を通じて多々あった。
吉良邸跡
高家として権勢を誇った吉良上野介も、元禄14年（1701）、鍛冶橋門内から本所松坂町へと屋敷替を命じられている。

た「抱屋敷《かかえやしき》」の二種類に大別される。

拝領屋敷は、さらに上屋敷、中屋敷、下屋敷に区分される。上屋敷は江戸における藩の政庁兼藩主とその家族の住居、中屋敷は隠居後の藩主や世継ぎの子の住居、下屋敷は藩主とその家族の遊興のための別荘かつ上・中屋敷が火事などで被災した際の避難所の役割を果たした。

下屋敷には、大規模な庭園が設えられることもあった。いまに伝わる六義園《りくぎえん》（甲府藩柳沢《やなぎさわ》家下屋敷跡）や清澄《きよすみ》庭園（関宿《せきやど》藩久《く》世《ぜ》家下屋敷跡）などはかつての大名庭園の名残である。

拝領屋敷は幕府から下賜されたものであり、基本的には売買は禁止されていた。しかし希望に沿った土地ではなかった場合、表向きは土地の等価交換という形で売買が行なわれていた。大名同士で話をつけ、幕府の許可を得るのである。これを「相対替《あいたいがえ》」という。

必ずしも土地をまるごと交換する必要はなく、土地の一部を分割して交換する場合もあった（切坪《きりつぼ》相対替）。ただ、これは名目だけのことであり、実際には大名は一部を渡したことにして旗本屋敷を購入した。

一方、拝領屋敷だけでは手狭だった場合、大名は屋敷の周囲の土地や江戸近郊の農地を購入し、抱屋敷とすることもあった。ただし、本来は農地であったことから、その土地に設定されていた年貢や諸役を負担する必要があった。

また、諸大名は江戸居住者のための米を貯蔵したり、藩の特産物を江戸で売るための倉庫として、河川や掘割の近くの土地を町人名義で購入し、蔵屋敷を置いた。抱屋敷を蔵屋敷として使うこともあった。

なお、大名家の中には、藩邸に工場を設けて藩の特産物をつくらせるところもあった。たとえば仙台藩の場合は、品川大井下屋敷内に仙台味噌の醸造所を設置。規模がいかほどであったかは不詳だが、江戸で販売して利益を上げていたという。この仙台味噌は大変評判を呼び、明治維新後も味噌蔵の払い下げを受けた旧藩士・八木久兵衛《やぎきゅうべえ》が販売を続け、現在も同地で営業を続けている。

加賀藩上屋敷本郷邸の構造

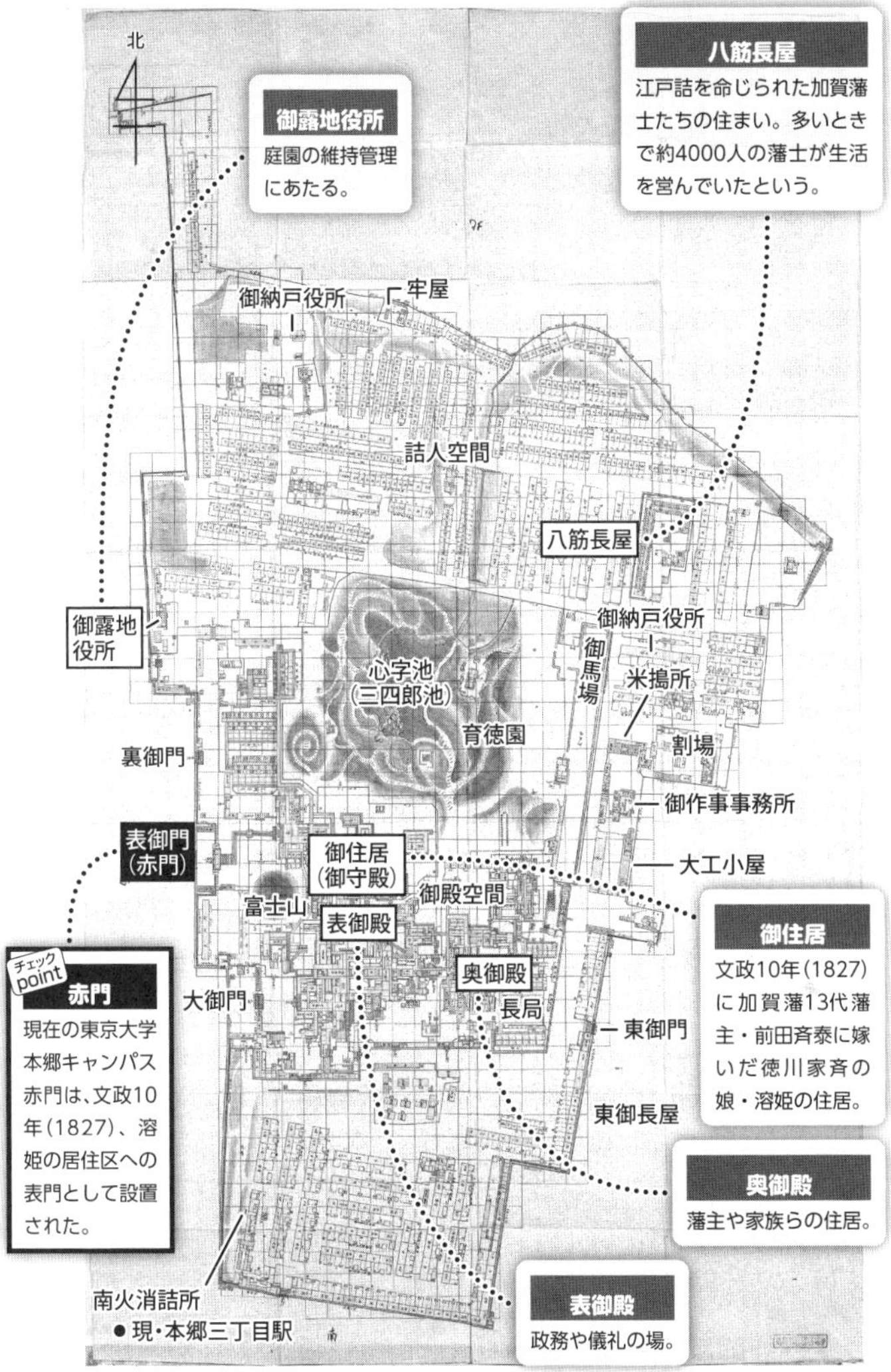
北
御露地役所
庭園の維持管理にあたる。
八筋長屋
江戸詰を命じられた加賀藩士たちの住まい。多いときで約4000人の藩士が生活を営んでいたという。
御納戸役所
牢屋
詰人空間
八筋長屋
御露地役所
御納戸役所
御馬場
米搗所
心字池（三四郎池）
育徳園
割場
裏御門
御作事事務所
表御門（赤門）
御住居（御守殿）
大工小屋
富士山
御殿空間
表御殿
御住居
文政10年（1827）に加賀藩13代藩主・前田斉泰に嫁いだ徳川家斉の娘・溶姫の住居。
チェックpoint
赤門
現在の東京大学本郷キャンパス赤門は、文政10年（1827）、溶姫の居住区への表門として設置された。
大御門
奥御殿
長局
東御門
東御長屋
奥御殿
藩主や家族らの住居。
表御殿
政務や儀礼の場。
南火消詰所
●現・本郷三丁目駅

江戸城のルール

格付けされた諸大名、身分によって座る席も異なっていた！

対象エリア
皇居周辺

南から表、中奥、大奥という三つの区域で構成された本丸御殿。その中で表は、役所と儀式の施設が置かれた空間である。

江戸城では、様々な儀式が行なわれた。年始の将軍への挨拶をはじめ、毎月一日・一五日・二八日に定められていた登城日、五節句（七種《ななくさ》、上巳《じょうし》、端午《たんご》、七夕《たなばた》、重陽《ちょうよう》）、八朔《はっさく》、嘉祥《かじょう》などの行事の日には、江戸にいるすべての大名に登城の義務が課せられ、将軍に拝謁して挨拶を行なった。

その際、大名たちは大手門から城内へ入った。御下乗所《おげじょうしょ》で乗物から降りると、そこからは徒歩で銅御門《あかがねごもん》、中之御門と進み、玄関へ向かう。玄関に入ったのちは、それぞれに割り当てられた控之間に入った。

●格式を示した控の間

控之間は、大名の家格によって厳密に区別されていた。たとえば徳川御三家は大廊下（松之廊下）沿いの上之部屋、加賀前田家は大廊下沿いの下之部屋、国持で四位の有力外様大

江戸城本丸御殿表の構造

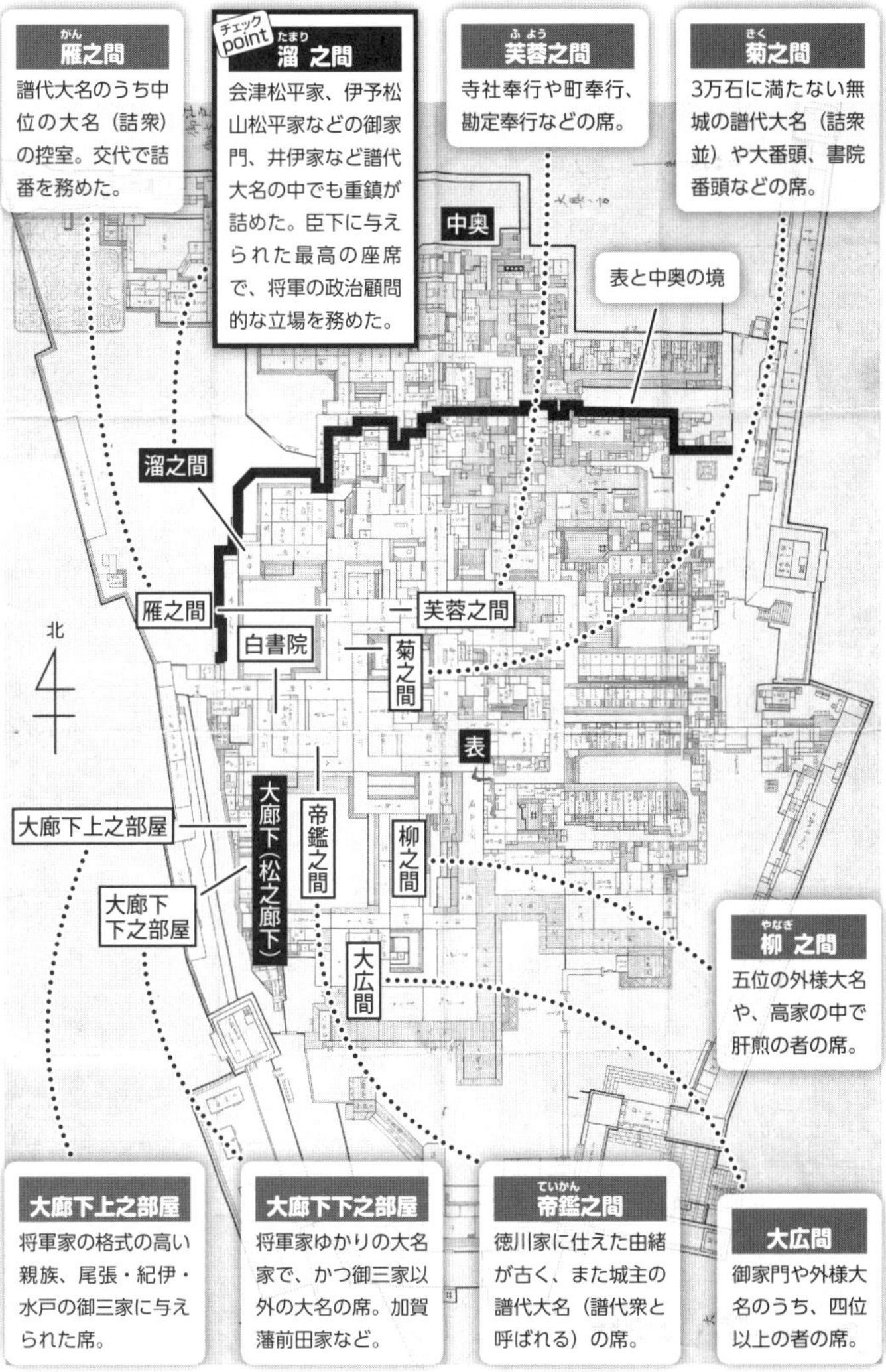
雁《がん》之間
譜代大名のうち中位の大名（詰衆）の控室。交代で詰番を務めた。
チェックpoint
溜《たまり》之間
会津松平家、伊予松山松平家などの御家門、井伊家など譜代大名の中でも重鎮が詰めた。臣下に与えられた最高の座席で、将軍の政治顧問的な立場を務めた。
芙蓉《ふよう》之間
寺社奉行や町奉行、勘定奉行などの席。
菊《きく》之間
3万石に満たない無城の譜代大名（詰衆並）や大番頭、書院番頭などの席。
中奥
表と中奥の境
溜之間
雁之間
芙蓉之間
白書院
菊之間
北
表
大廊下上之部屋
大廊下（松之廊下）
帝鑑之間
柳之間
大廊下下之部屋
大広間
柳《やなぎ》之間
五位の外様大名や、高家の中で肝煎の者の席。
大廊下上之部屋
将軍家の格式の高い親族、尾張・紀伊・水戸の御三家に与えられた席。
大廊下下之部屋
将軍家ゆかりの大名家で、かつ御三家以外の大名の席。加賀藩前田家など。
帝鑑《ていかん》之間
徳川家に仕えた由緒が古く、また城主の譜代大名（譜代衆と呼ばれる）の席。
大広間
御家門や外様大名のうち、四位以上の者の席。

名は大広間の二之間・三之間、五位の外様大名は柳《やなぎ》之間、古来の譜代大名は帝鑑《ていかん》之間に殿席が配置された。そのほか、井伊家や会津松平家、伊予松山松平家など一門や譜代の重鎮は溜《たまり》之間、比較的新しく取り立てられた譜代中大名は雁《がん》之間、譜代小大名は菊《きく》之間縁頬《えんがわ》に詰めた。

●公式行事が行なわれた空間

将軍への謁見などの儀式が行なわれたのは、主に大広間や白書院《しろしょいん》である。大名の家格やその日の行事の都合で使い分けられていたのではないかと見られている。

謁見の間としてもっとも格式の高かった大広間は、北から上段・中段・下段と階段状になった三間が並び、下段から東に二之間、三之間、さらにそこから北に四之間が連なる五〇〇畳ほどの空間だった。年始の儀礼のほか、将軍宣下《せんげ》や外国使節との謁見などがこの場で行なわれた。

大広間と大廊下を通じて結ばれていた白書院は上段之間、下段之間、帝鑑之間、連歌之間、納戸構《なんどがまえ》からなる。将軍が着座する上段之間は、一段高く構えられていた。儀礼によっては大広間と一体で使われることがあり、たとえば将軍宣下の儀式のときには上段之間は装束衣紋規式《しょうぞくえもんきしき》の場として用いられた。

登城のルール

諸大名の登城の順番にも決まりがあり、通常の日は月番の若年寄、他の若年寄、月番の老中、他の老中、それから一般の大名が登城。式典日の場合は一般の大名が先んじて登城した（『千代田之御表』楊洲周延）。

表のうち、儀礼が行なわれる公的な空間は西側に集中していた。一方の東側には、役人たちが仕事をする執務室や台所などが置かれた。

役方のうち、勘定奉行・勘定吟味方は上勘定所、目付は目付部屋、奥右筆は奥右筆部屋、納戸方は納戸方部屋といった具合にそれぞれが割り当てられた部屋に詰め、職務に邁進した。

一方、番方は、小姓組は紅葉之間、大番は御多聞《おたもん》、書院番は虎之間、新番は土圭之間次隣などに詰め、殿中の警備にあたった。また、大手門や中之門などの内側にも番所が置かれ、昼夜交代で守りを固めた。現在は大番所、百人番所、同心番所の建物が残る。

江戸の警察①

百万都市の治安を守った町奉行所、しかし勤務実態はかなりブラック!?

対象エリア

東京駅周辺

●隔月交代で訴訟に対応

一〇〇万人を超える人口を擁していた江戸にあって、町人地の行政や司法、警察業務を一手に担っていたのが町奉行所である。現代で考えると、東京都庁や警視庁、地方裁判所、消防庁などの機能を併せ持った役所といえる。

町奉行所が設置されたのは、三代家光の時代の寛永八年（一六三一）のことだった。当初は常盤橋《ときわばし》門内に北町奉行所、呉服橋《ごふくばし》門内に南町奉行所が置かれた。両町奉行所は移転を繰り返し、北町奉行所は常盤橋門内から鍛冶橋《かじばし》、常盤橋を経て呉服橋門内に、南町奉行所は呉服橋門内から鍛冶橋を経て数寄屋橋《すきやばし》門内へと移った。

なお、元禄一五年（一七〇二）には町奉行の定員が三人となり、鍛冶橋門内北に中町奉行所が置かれたが、享保四年（一七一九）に廃止。その後は町奉行二人体制で江戸市中の治安維持にあたった。

北町、南町という名称から、両奉行所が江戸の町を北と南に分けて管轄したと思われが

嘉永2年（1849）時点の南北町奉行所

南町奉行所

JR有楽町駅前広場に南町奉行所の石組が復元されている。内部構造はP126参照。

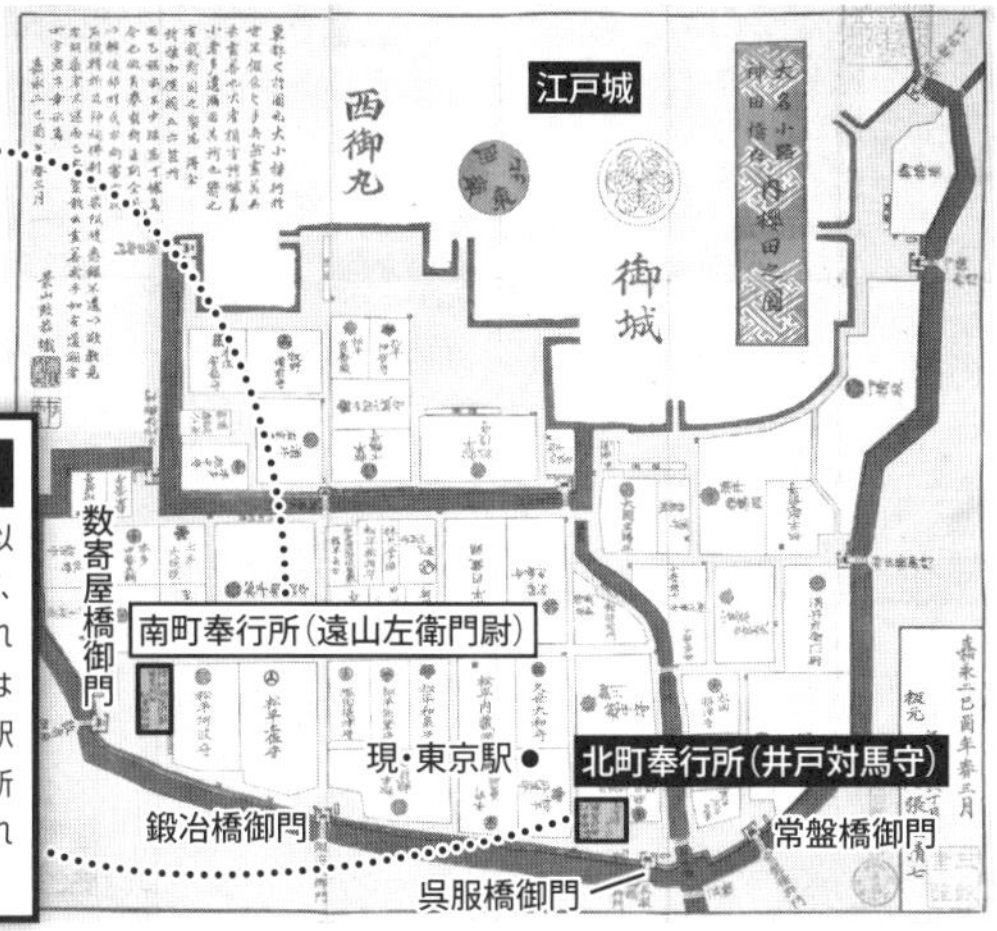

江戸城
西御丸
御城
数寄屋橋御門
南町奉行所（遠山左衛門尉）
現・東京駅
北町奉行所（井戸対馬守）
鍛冶橋御門
常盤橋御門
呉服橋御門

チェックpoint

北町奉行所

当初、町奉行は1万石以上の者が任命されたが、のち旗本の中から選ばれるようになった。知行は3000石。現在、東京駅八重洲北口に北町奉行所の遺構の一部が復元されている。

ちであるが、実際は月番《つきばん》（隔月交代）で訴訟を受けつけた。裁きの決定は南北両奉行協議のうえで行なわれたが、商業に関する訴訟は業種で分担がなされており、書物や酒、廻船《かいせん》などに関しては北町奉行所が、呉服や木綿、薬種問屋《やくしゅどいや》などに関しては南町奉行所が担当した。

　月番の町奉行は朝四ツ（午前一〇時頃）から昼八ツ（午後二時頃）まで江戸城で訴訟の手続きや事務処理などを行ない、その後、町奉行所に戻ってその日の訴訟の吟味や処理などに追われた。たとえ非番の月であっても、月番の間に受理した訴訟の処理などに忙殺されたため、ほぼ休みはないに等しかった。あまりにも激務であったことから、三奉行の中で在職中の死亡率がもっとも高かったという。

南町奉行所の構造

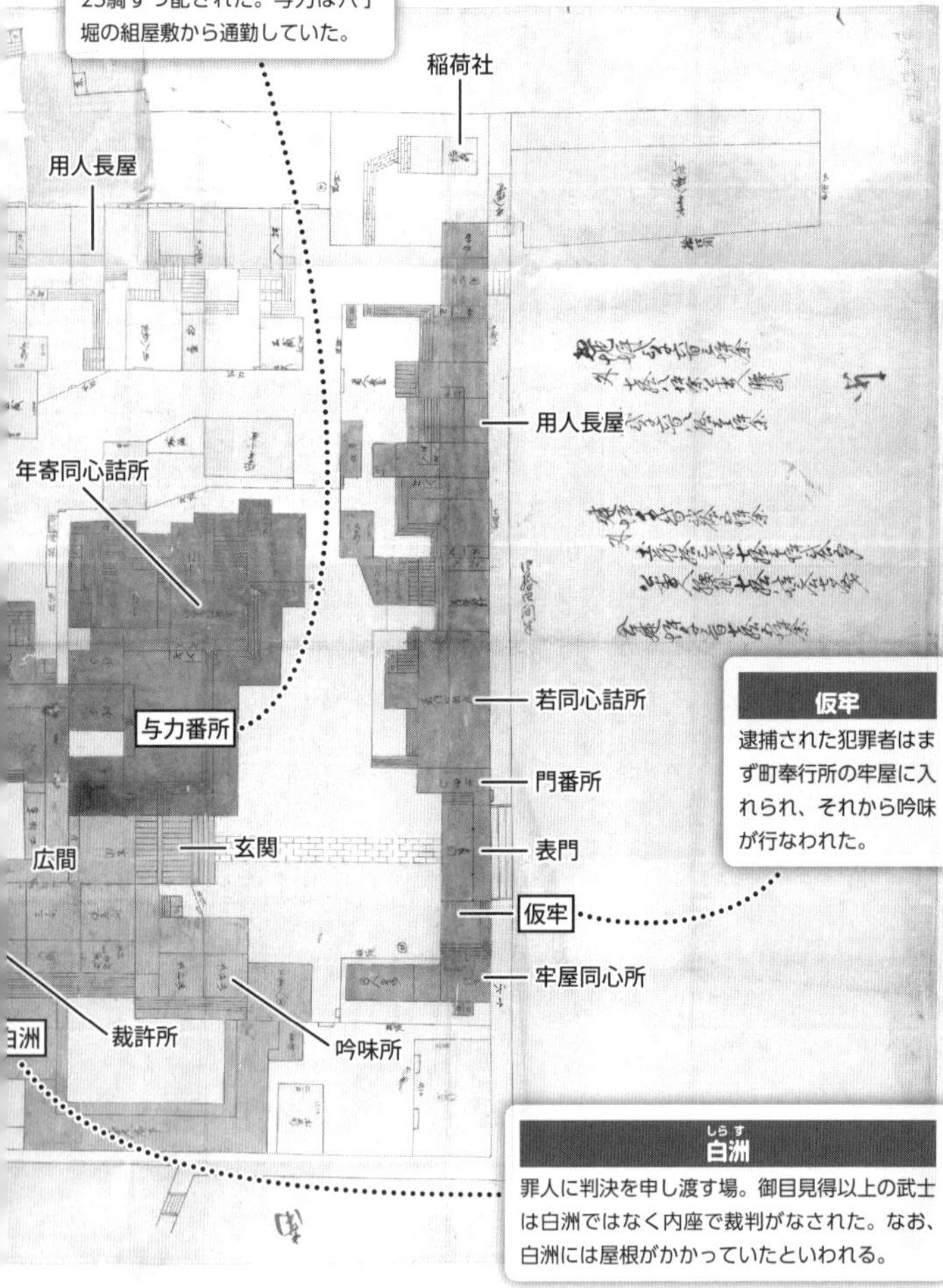
稲荷社
用人長屋
用人長屋
年寄同心詰所
与力番所
若同心詰所
門番所
玄関
表門
広間
仮牢
牢屋同心所
白洲
裁許所
吟味所

与力番所《よりきばんしょ》

与力は南北町奉行所にそれぞれ25騎ずつ配された。与力は八丁堀の組屋敷から通勤していた。

仮牢

逮捕された犯罪者はまず町奉行所の牢屋に入れられ、それから吟味が行なわれた。

白洲《しらす》

罪人に判決を申し渡す場。御目見得以上の武士は白洲ではなく内座で裁判がなされた。なお、白洲には屋根がかかっていたといわれる。

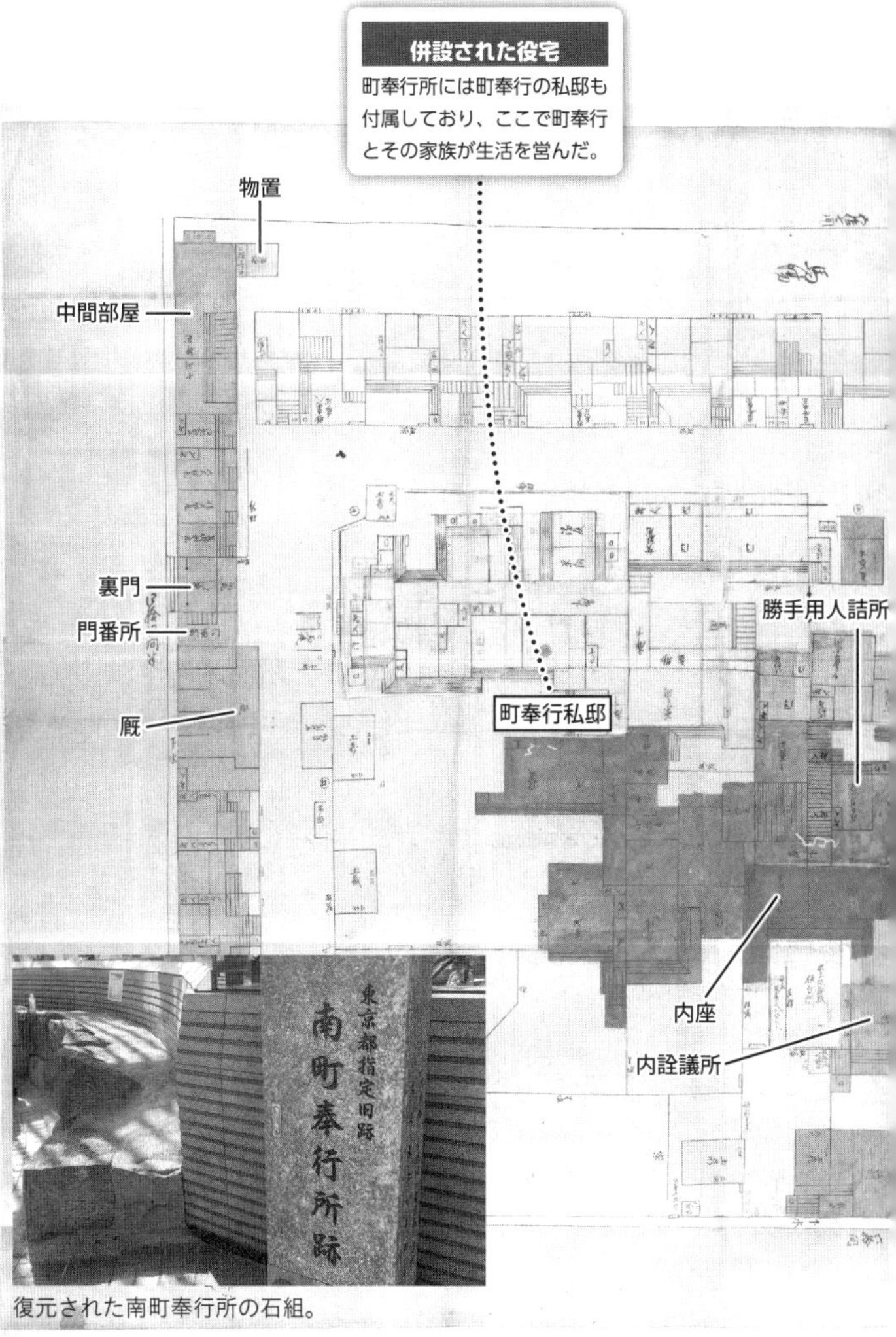

併設された役宅
町奉行所には町奉行の私邸も付属しており、ここで町奉行とその家族が生活を営んだ。
物置
中間部屋
裏門
門番所
厩
町奉行私邸
勝手用人詰所
内座
内詮議所
東京都指定旧跡
南町奉行所跡

復元された南町奉行所の石組。

江戸の警察②

たった一二人しかいない定廻同心が大江戸八百八町の治安を守る！

対象エリア

八丁堀
ほか

●与力と同心に割り当てられた役職

南北町奉行所には、町奉行の下にそれぞれ与力《よりき》が二五騎（騎馬格の御家人《ごけにん》であることから「騎」で数える）、同心《どうしん》が一〇〇〜一二〇人配属されていた。このうち、与力には様々な掛《かかり》（役職）があった。与力や同心を監督し、金銭の出納《すいとう》業務から人事までをも司る「年番《ねんばん》方《かた》」（南北各二人）、訴訟を担当する「吟味方《ぎんみかた》」（南北各八人）などである。彼らにはそれぞれ同心が配属され、チームで業務にあたった。

一方、犯罪の調査や市中の巡回などの警察業務・三廻《さんまわり》は同心だけで構成された。三廻には捜査や逮捕を行なう「定廻《じょうまわり》」（南北各六人）、その補佐を行なう「臨時廻《りんじまわり》」（南北各六人）、変装して市中の偵察・探索を行なう「隠密廻《おんみつまわり》」（南北各二人）の掛があり、同心の中ではこれらの掛に就くことは出世コースにあたった。

町奉行所の担当は町人地だけだったとはいえ、寛文二年（一六六二）には六七四、正徳三年（一七一三）には九三三、さらに延享二年（一七四五）には寺社奉行管轄の門前町も

八丁堀に暮らした与力と同心

現・茅場町駅
現・日本橋駅
呉服橋
←江戸城
八丁堀
楓川
隅田川
亀島川
現・八丁堀駅
警察業務を担当した同心
江戸の町の警察業務を担当したのは、定廻同心と臨時廻同心。彼らは大店の商人などからの付け届けをしばしば受け取っていたことから、比較的裕福だったという。
宅地条件の悪い場所
御家人に割り当てられた土地は基本的に、洪水が起こったり、日当たりが良くなかったりと宅地条件の悪い場所だった。
チェックpoint
八丁堀
現在の中央区京華スクエアから茅場町一帯まで与力・同心の組屋敷が建ち並んでいた。

町奉行の管轄になったため、その数は一六七八にまで拡大した。これらの町を常時見回り、犯罪の検挙にあたっていたのは定廻同心であるが、南北合わせても一二人。たったこれだけの人数では、とてもではないが広大な江戸の治安維持を行なうことはできない。

そこで同心は私的に「岡引《おかっぴ》き（目明《めあか》し）」を雇った。時代劇などではおなじみであるが、正規の役人ではないため、町奉行のあずかり知るところではなかった。また、江戸の各町に設けられていた自身番も定廻同心の仕事を補佐したため、少ない人数でも江戸の平和を守ることができたのである。

なお、町奉行所で働く与力や同心をしばしば「八丁堀《はっちょうぼり》」と呼ぶ。これは、彼らの組屋敷が八丁堀に配されていたためである。

江戸の警察③

その数じつに九〇〇か所以上！江戸時代の交番「辻番」が武家地を守る

対象エリア
銀座
京橋　ほか

●武家屋敷地に置かれた辻番

古地図を眺めると、武家屋敷の周辺に□マークが描かれていることに気がつくだろう。これは、その場所に「辻番《つじばん》」が置かれていたことを示したものだ。

辻番とは、現代の交番のような存在である。寛永六年（一六二九）、江戸市中で横行していた辻斬りを取り締まるため、幕命によって武家屋敷町の辻々に設けられた。幕府が設置した「公儀御給金辻番《こうぎごきゅうきんつじばん》」（公儀辻番）、大名が設置した「一手持辻番《いってもちつじばん》」、近隣の大名、旗本などが共同で設置した「組合辻番《くみあいつじばん》」があり、幕末の時点で江戸市中に九〇〇か所以上も置かれていたという。

辻番の広さは間口二間（約三・六メートル）、奥行九尺（約二・七メートル）で、そこに突棒《つくぼう》や刺股《さすまた》、袖搦《そでがらみ》という捕物三つ道具が常備されていた。

辻番に詰める役人を、「辻番人」という。昼夜交代制で周辺地域の治安維持にあたった。辻番人の人数は辻番を設置した武家の石高に応じて異なっていたが、大体四〜六人体制だ

町の警備にあたった辻番と自身番屋

京橋南築地鉄砲洲絵図
新橋
現・銀座駅
通り町筋（現・中央通り）
京橋
現・東銀座駅
自身番屋《じしんばんや》
家主や番人、書役などが月交代で番屋に詰め、喧嘩の仲裁や火の番、夜回りなどにあたった。
チェックpoint
辻番《つじばん》
当初、辻番は武家が直接運営にあたったが、のち町人が役を請け負うようになった。
辻番

った。

一方、江戸の町々にも防犯のための自警組織が置かれた。これを「自身番屋《じしんばんや》」という。古地図上では町の辻々に■マークで描かれていることがある。

自身番屋は町入用《ちょうにゅうよう》（町の会計）によって設置された。町で雇用した書役・町名主・家主たちが詰める三畳敷の部屋と、容疑者の拘置・取り調べを行なう三畳の板の間で構成される。もちろん、捕物三つ道具が常備されていた。

また、自身番屋には火の見櫓《やぐら》が併設されていることが多く、いざ火事が発生したときは半鐘《はんしょう》を打ち鳴らすとともに、火消人足《ひけしにんそく》を揃えて火事場に向かった。自身番屋は交番の役割以外に、消防署としての機能も果たしていたのである。

江戸の金融

幕府の年貢米が収納された浅草御蔵前で巨万の富を築いた札差って何者？

対象エリア

蔵前周辺

●俸禄米現金化の代行業務

江戸時代、将軍直属の家臣である旗本や御家人には、給与として米（俸禄米《ほうろくまい》）が支給された。現物支給ではなく、切米《きりまい》手形という形である。原則、春（二月）、夏（五月）に四分の一ずつ、冬（一〇月）に二分の一が支給されることになっていた。

だが俸禄米を日々の生活費に充てることはできず、まずはこれを現金化する必要があった。御蔵《おくら》役所に切米手形を提示して米を受け取り、さらにそれを米問屋に持ち込んで売却するのである。

この面倒な米の換金業務を代行したのが、「札差《ふださし》」と呼ばれる商人だった。札差は旗本や御家人から切米手形を預かると、彼らに代わって俸禄米を現金化。そこからいくらかの手数料を差し引き、残った現金を旗本・御家人に渡していた。手数料は、米一〇〇俵につき金三分（現在の約九万円）だった。

札差は俸禄米の現金化業務のほか、俸禄米を抵当として旗本や御家人に金を貸す高利貸

俸禄米換金業務の流れ

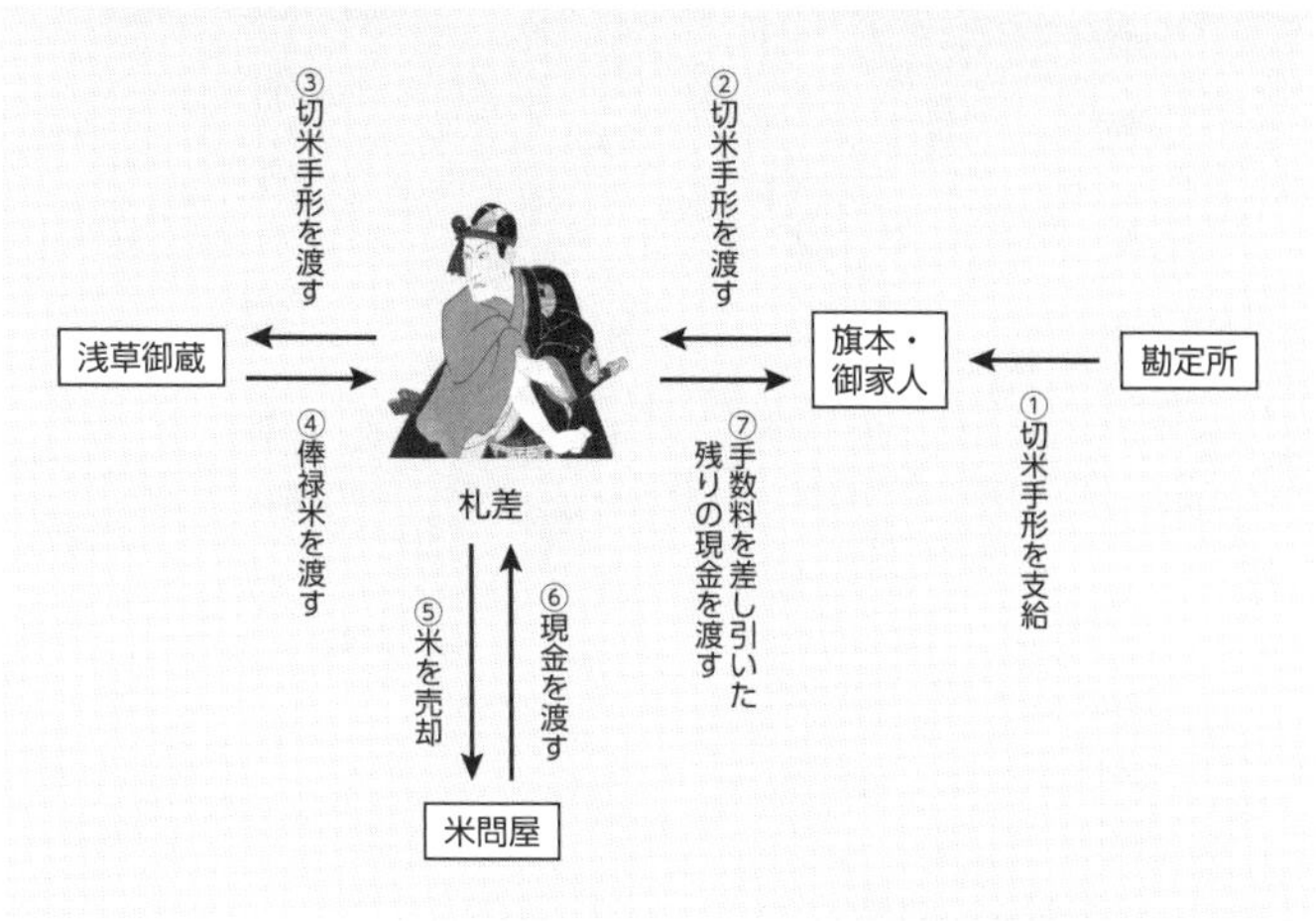

旗本や御家人は札差に俸禄米の換金業務を依頼し、現金を手にしていた。

業も営んだ。享保九年（一七二四）以前の貸付利子は一八パーセント、寛政の改革以降は一二パーセントだったという。

やがて莫大な財を築いた札差は、贅の限りを尽くした生活を送るようになった。「蔵前本多《くらまえほんだ》」と呼ばれる髷《まげ》を結い、黒小袖《くろこそで》に身を包み、さらには鮫鞘《さめざや》の脇差を腰に差すその豪奢な格好は、彼らが多く住んでいた蔵前にちなんで「蔵前風」ともてはやされ、江戸っ子の憧れとなった。

だが、その栄華は長くは続かなかった。窮乏した旗本・御家人の救済策として幕府が寛政元年（一七八九）に「棄《き》捐令《えんれい》（旗本や御家人の借金を帳消しとする)」を、天保一四年(一八四三)に「無利子年賦令」を発布すると、大損害を被った札差の多くが閉業に追い込まれることとなった。

●年貢米が集められた御蔵

俸禄米に充てられたのは、全国の幕領から上がってくる年貢米である。江戸時代初期の頃は江戸各所に置かれた米蔵に収納されたが、享保一九年(一七三四)には浅草と本所に集約された。

浅草御蔵は、元和六年(一六二〇)、隅田川西岸一帯を造成して設置された。『東都浅草絵図』(P135参照)に描かれているように、隅田川を通じて年貢米を運ぶ舟から直接米の荷揚げが行なえるよう、一番堀から八番堀まで櫛状に舟入が掘られていた。敷地面積は約三万六〇〇〇坪。弘化年間(一八四四~四八年)には、六七棟三五四戸もの規模を誇った。この場所には、関東・東北地域から集められた約四〇万石もの年貢米が収蔵されていたという。

八筋の掘割は大正時代初頭まで存在したが、護岸工事のために埋め立てられ、その役割を終えた。現在の蔵前界隈を歩いても当時の面影を見つけるのは難しいが、唯一、地名に名残を見出すことができる。

浅草に置かれた米蔵と札差の蔵宿

札差《ふださし》

浅草御蔵の周辺には幕臣の俸禄米換金業務を代行する札差の店が多く建ち並んでいた。享保9年（1724）には札差109人による幕府公認の株仲間が組織された。

チェック point

浅草御蔵《あさくさおくら》

弘化年間（1844～48年）には67棟を数え、40～50万石もの米が収蔵された。明治時代には政府の管理下に置かれたが、規模は縮小。末年までに2～3棟が建つだけとなり、残った蔵も関東大震災で倒壊した。現在は蔵前橋西詰に碑が残る。

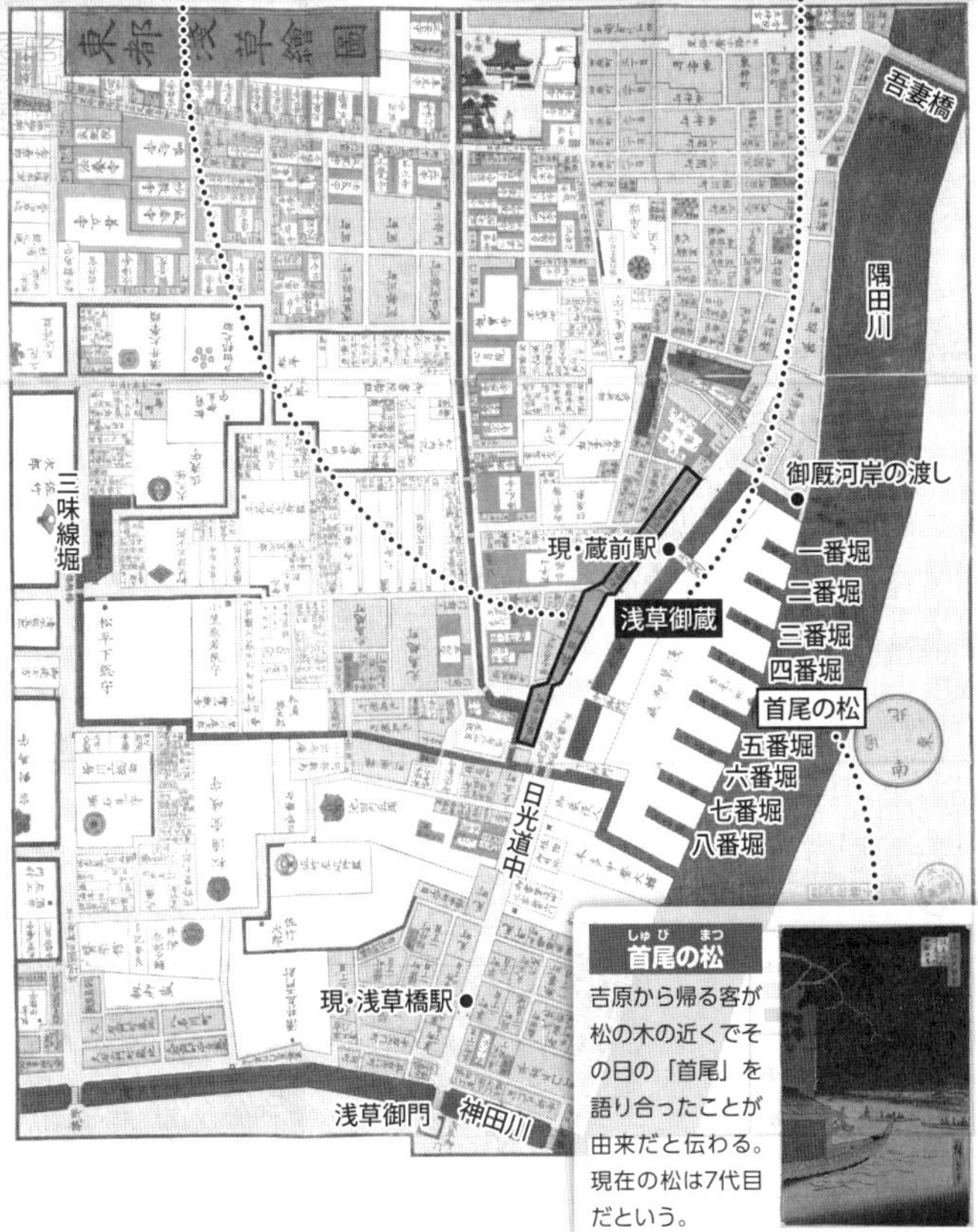

吾妻橋
隅田川
御厩河岸の渡し
一番堀
二番堀
三番堀
四番堀
首尾の松
五番堀
六番堀
七番堀
八番堀
浅草御蔵
現・蔵前駅
三味線堀
日光道中
現・浅草橋駅
浅草御門
神田川

首尾《しゅび》の松《まつ》

吉原から帰る客が松の木の近くでその日の「首尾」を語り合ったことが由来だと伝わる。現在の松は7代目だという。

Column ③

古地図の見方—其之弐—

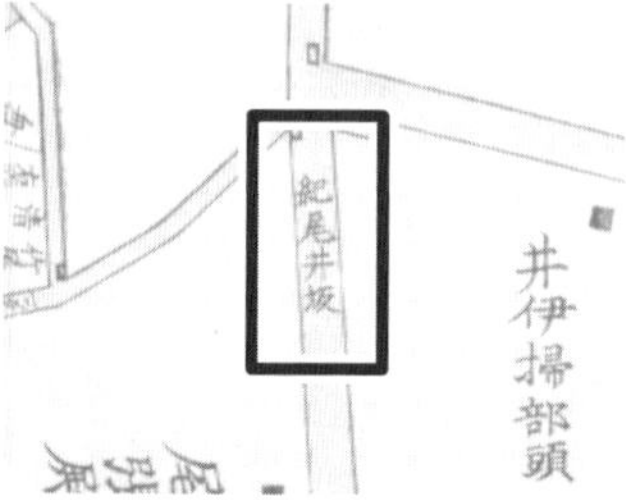

坂の名称の頭文字は「坂上」、語尾は「坂下」を意味する。

人物名の頭文字は「屋敷の入口の方向」を示す。

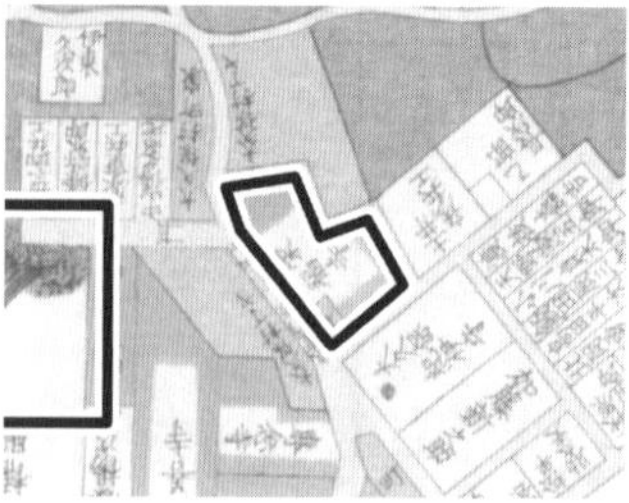

寺社名の頭文字の方角が「表門」を示す。

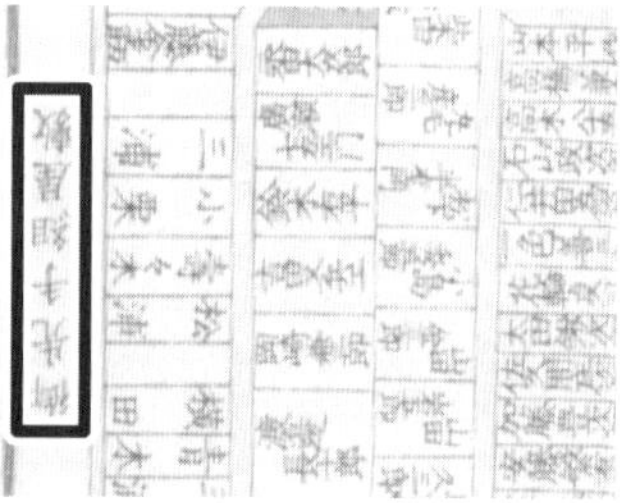

御家人の屋敷地は組単位で与えられた。

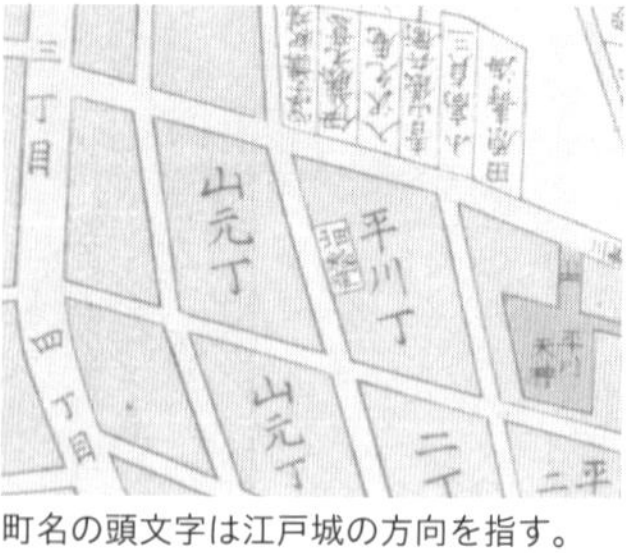

町名の頭文字は江戸城の方向を指す。

有名な寺社はイラストで描かれ、由緒が記されることもあった。

【第四章】古地図で読み解く

江戸の暮らし～町人編～

江戸の町人地

通りを挟んで構成された「両側町」、町の基本単位は「向こう三軒両隣り」

対象エリア
神田
小伝馬町
ほか

●正方形の街区

徳川家康は江戸の城下町を開発するにあたり、京の町割りを参考にしたといわれる。京間六〇間（約一二〇メートル）四方の正方形の街区を基本的な一区画とし、通りに面して間口が京間五～一〇間（約一〇～約二〇メートル）、奥行が京間二〇間（約四〇メートル）という細長い構造の町屋敷がつくられた。

中央の京間二〇間四方のブロックは「会所地《かいしょち》」とされ、江戸時代初期の頃は宅地造成時の土取場やゴミ捨て場、下水の放流場などに利用された。だが土地を遊ばせておくのはもったいないということで、一七世紀後半には会所地を貫くように新道が敷かれ、その通り沿いにも町地が形成されるようになった。

●町屋敷の構造

江戸の町人地の基本単位となる「町《ちょう》」は、通りを挟んで向かい合う町屋敷で構成されて

両側町の構造

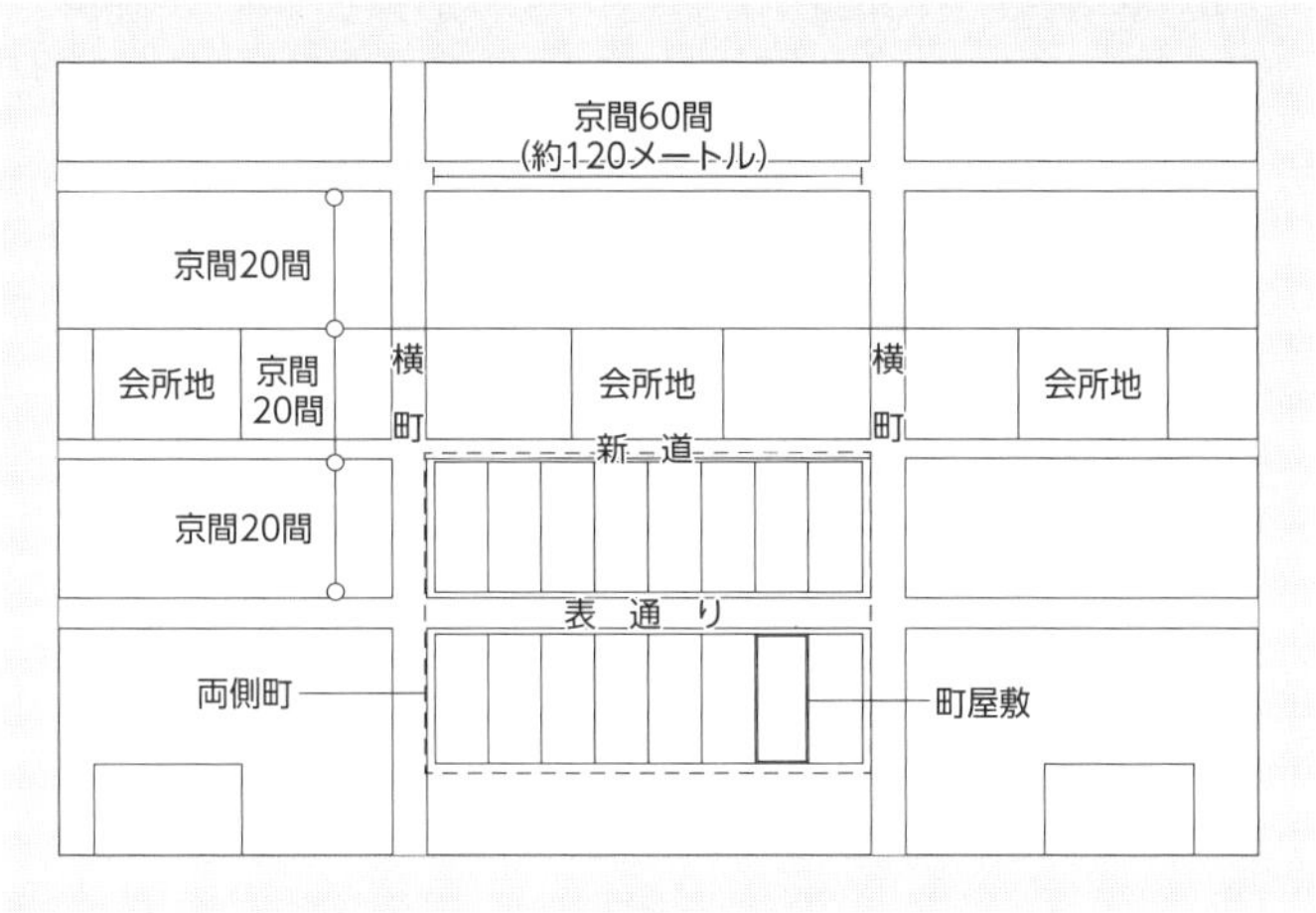

両側町という自治体には、人が行き交う通りを向かい合う町屋敷同士で共有するという一面があった。

いた。これを「両側町」という。「向こう三軒両隣り」と言われるように、自分の家とその左右の家の三軒、自宅前の道を隔てた向こう側の三軒の計六軒が、一町の基本的な単位となった。

表通りに面して建ち並んだ店舗を表店《おもてだな》という。土地を借りて自分で店舗を構えた商人（表地借《おもてぢがり》）がいれば、もともと建てられていた店舗を借りた商人（表店借《おもてたながり》）もいた。とくに大きな商いを営む店は「大店」と呼ばれた。現代で言うところのデパートである。

表店と表店の間に設置された木《き》戸《ど》を潜ると、路地に板を載せたどぶが延びており、その両側や奥に何棟かの長屋が建ち並んだ。これを裏店《うらだな》という。ここを通り抜けて、ほかの町に出ることもできた。

長屋の一室の広さは間口九尺（約二・七メートル）、奥行二間（約三・六メートル）ほどで、台所や土間を含めて六畳一間ほどだった。主に棒手振《ぼてふり》（行商人）や大工などの職人、浪人などが居住した。家賃は文政年間（一八一八〜三〇年）の頃で月八〇〇〜一〇〇〇文（現在の約二万〜二万五〇〇〇円）ほどであったという。

長屋内には雪隠《せっちん》（トイレ）は備えつけられておらず、外に設置されていた総雪隠と呼ばれる共同便所を利用した。また、路地の奥には共同の井戸があり、長屋の人々はそこで炊事や洗濯を行なった。井戸の水は地下水ではなく上水から引かれたものであり、江戸っ子は「水道の水で産湯をつかう」ことを誇りに感じていたという。芥溜《ごみため》（ゴミ箱）も共用で、溜まったゴミは大芥溜（町内の集積場）に捨てられた。

なお、通りの片側に武家地や寺社地が存在していた場合は両側町を形成することができず、「片町《かたまち》」と呼ばれた。もともとは御家人が拝領した土地だったが、地代収入を得るために町人に貸したので、このような特殊な町の形態が生まれたのである。「大江戸八百八町」のなかでも、「片町」と表記された町は飯倉や外神田、市ヶ谷など一〇か所ほどしかなかった。

江戸の町のつくりと長屋

両側町《りょうがわちょう》

江戸の町は、通りを挟んで向かい合った両側の町屋敷で一つの町を構成していた。表通りに面して店舗、その裏に長屋があった。右図は長屋の風景。

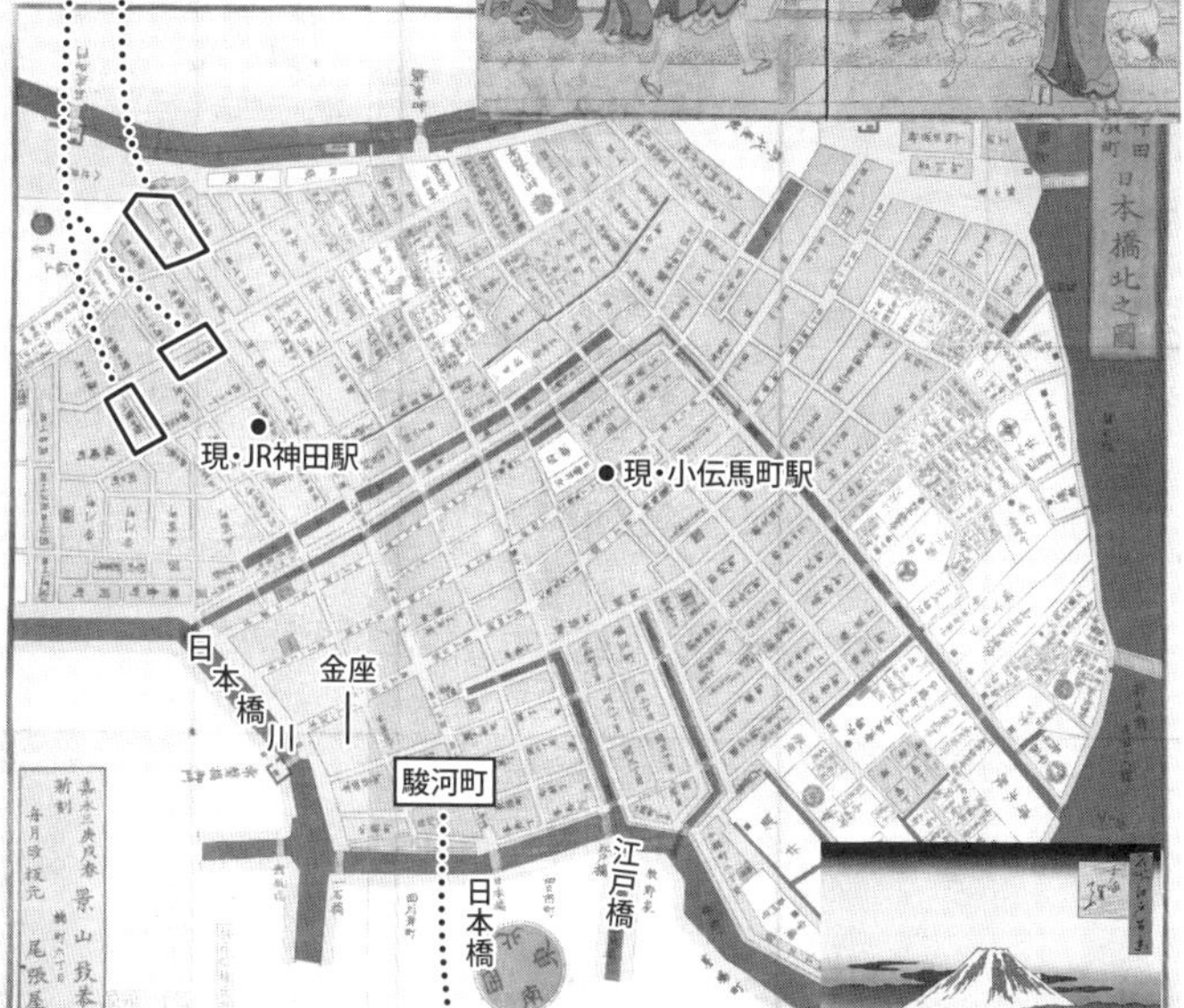
現・JR神田駅
現・小伝馬町駅
日本橋川
金座
駿河町
日本橋
江戸橋
日本橋北之圖

駿河町《するがちょう》

駿河国の富士山がよく見えたことが町名の由来だという。通り沿いには呉服商の三井越後屋（現・三越百貨店）が店を構え、大いに賑わいを見せた。現在の日本橋室町周辺。

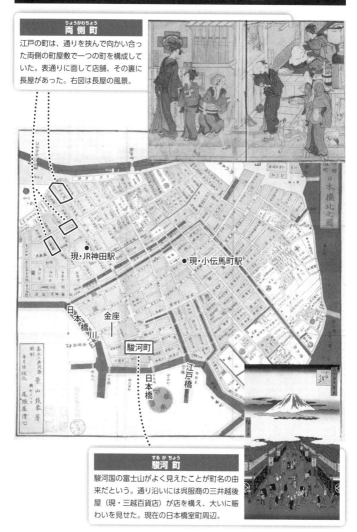

職人町と商人町

城下町づくりに貢献した御用職人と御用商人

対象エリア
日本橋
神田
京橋

●特権を与えられた御用町人

城下町の整備にあたり、徳川家康は城下の建設工事などにあたる職人や、家臣らに生活物資を納める商人を諸国から誘致し、江戸に土地を与えた。彼らは統轄役の職人頭、商人頭のもと、同じ職種ごとに町に集住。こうして江戸には職人町、商人町が形成されていった。彼らは「地子《じし》（屋敷地の地代）」を免除されたほか、独占的な営業を認められるなど様々な特権を与えられたが、その代わりに幕府の御用を義務づけられた。

たとえば、家康の江戸入府に伴って江戸に移住した佃島《つくだじま》の漁師たちは、日々将軍家に新鮮な魚を上納する御用を請け負った。その一方で、鮮魚の余りを本小田原町《ほんおだわら》（現在の日本橋本町・日本橋室町周辺）で販売する許可を得た。こうして成立したのが、日本橋魚河岸である。その後、昭和一〇年（一九三五）に築地へ移転するまで、江戸、そして東京の台所を支え続けた。

なお、職人・商人が義務づけられた御用には、実際に商品を調製・調達する国役と、城

職種にちなんでつけられた町名

①呉服《ごふく》町
呉服を扱う商家が建ち並ぶ。（現・八重洲1丁目、日本橋1丁目）

②元大工《もとだいく》町
番匠（大工）が集住。（現・八重洲1丁目、日本橋2丁目）

③檜物町《ひものちょう》
尾張国の宮大工らが集められる。（現・八重洲1丁目、日本橋3丁目）

④桶《おけ》町
桶を製造する職人が集住。

⑤万《よろず》町
小田原の万商いの商人が集められたことに由来し、醤油や乾物など様々な問屋が建ち並んだ。（現・日本橋1丁目）

⑥南油《あぶら》町
油を扱う商人が集められる。（現・日本橋2丁目）

⑦箔屋《はくや》町
金箔や銀箔を製造する職人が集住。当時は江戸、京都以外の地での金箔、銀箔の製造は禁じられていた。（現・日本橋3丁目）

⑧具足《ぐそく》町
甲冑を製造する職人が集住。（現・京橋3丁目）

⑨鎗屋《やりや》町
鎗を製造する職人が集住。（現・銀座3、4丁目）

⑩木挽《こびき》町
材木を角材などに仕上げる木挽職人が集められる。（現・銀座1～8丁目）

内の工事などに人足《にんそく》を派遣する公役があった。のち公役は享保七年（一七二二）に代銀納、つまり貨幣で代納されるようになり、国役もほとんどが実働から貨幣代納（国役銀）へと移行していった。

●職人町と商人町の形成

現在の神田エリアにいまも残る紺屋《こんや》町（現・千代田区神田紺屋町）や鍛冶《かじ》町（現・千代田区神田鍛冶町）は、江戸期に形成された職人町の名残である。前者は藍染めを手がける染物職人が、後者は鍛冶頭・高井伊織《たかいいおり》が幕府から土地を拝領して職人とともに集住したことから、その名で呼ばれるようになった。神田北乗物町という町名も、江戸時代に駕籠《かご》をつくる職人が住んでいたことが由来だ。

そのほか、左官《さかん》職人が集住した左官町（現・千代田区神田鍛冶町の一部）、畳《たたみ》職人が集まった畳町（現・中央区京橋二、三丁目）、桶《おけ》職人が集住した桶町（現・中央区八重洲二丁目、京橋一、二丁目）などがあった。

なお、桶町には幕末、坂本龍馬《さかもとりょうま》が通った北辰《ほくしん》一刀流・千葉定吉《ちばさだきち》道場があったといい、現在、跡地に説明板が建てられている。

一方、商人町として発展を遂げたのは、日本橋エリアである。御用呉服師であった後藤

摂津の漁師に与えられた「佃島」

「佃島」の名称は、摂津国佃島の漁師が家康から鉄砲洲を拝領し、漁村を造成したことにちなむ。彼らには、日々将軍家に新鮮な魚を上納する御用が課せられた。

家や茶屋家、御用畳師であった伊《い》阿《あ》弥《み》家、御用鏡師であった村田家など、御用商人らが数多く集住した。

　また日本橋は交通の要衝であったことから、荷馬を扱う道中伝馬《でんま》役の屋敷が置かれたことにちなむ伝馬町（現・日本橋大伝馬町）、馬の仲買人・馬喰《ばくろう》（博労）が多く住んでいたことにちなむ馬喰町《ばくろちょう》（現・日本橋馬喰町）など、交通に由来する地名も生まれている。

　江戸時代初期の発展を支えたこれらの町は、のち江戸の拡大に伴って成立した町と区別され、「古《こ》町《ちょう》」と呼ばれた。

江戸の自治

町人の頂点に立つ「町年寄」が江戸の町を支配する

対象エリア

日本橋周辺

●町年寄をつとめた三家

町人地は町奉行の管轄に置かれたが、実際に町の行政を一手に束ねていたのは「町年寄《まちどしより》」と呼ばれる人々だった。

町年寄をつとめたのは、奈良屋市右衛門《ならやいちえもん》、樽屋藤右衛門《たるやとうえもん》、喜多村彦右衛門《きたむらひこえもん》の世襲三家である。いずれの家も徳川家康が江戸に入府する以前から縁が深かったと伝わり、江戸時代初期の頃から江戸城下町の建設や街道の整備に重要な役割を果たしていたと考えられている。

奈良屋は日本橋本町一丁目、樽屋は同二丁目、喜多村は同三丁目に広大な役宅が与えられたほか、江戸市中において奈良屋は尾張町一丁目（現・中央区銀座五丁目）や長浜町一・二丁目（現・中央区日本橋室町一丁目）など約三〇〇〇坪、樽屋は元数寄屋町一丁目（現・中央区銀座五丁目）や岩代町（現・中央区日本橋堀留町一丁目）など約二二〇〇坪、喜多村は橘町一丁目（現・中央区東日本橋三丁目）や永富町一丁目（現・千代田区内神田二・

町支配のしくみ

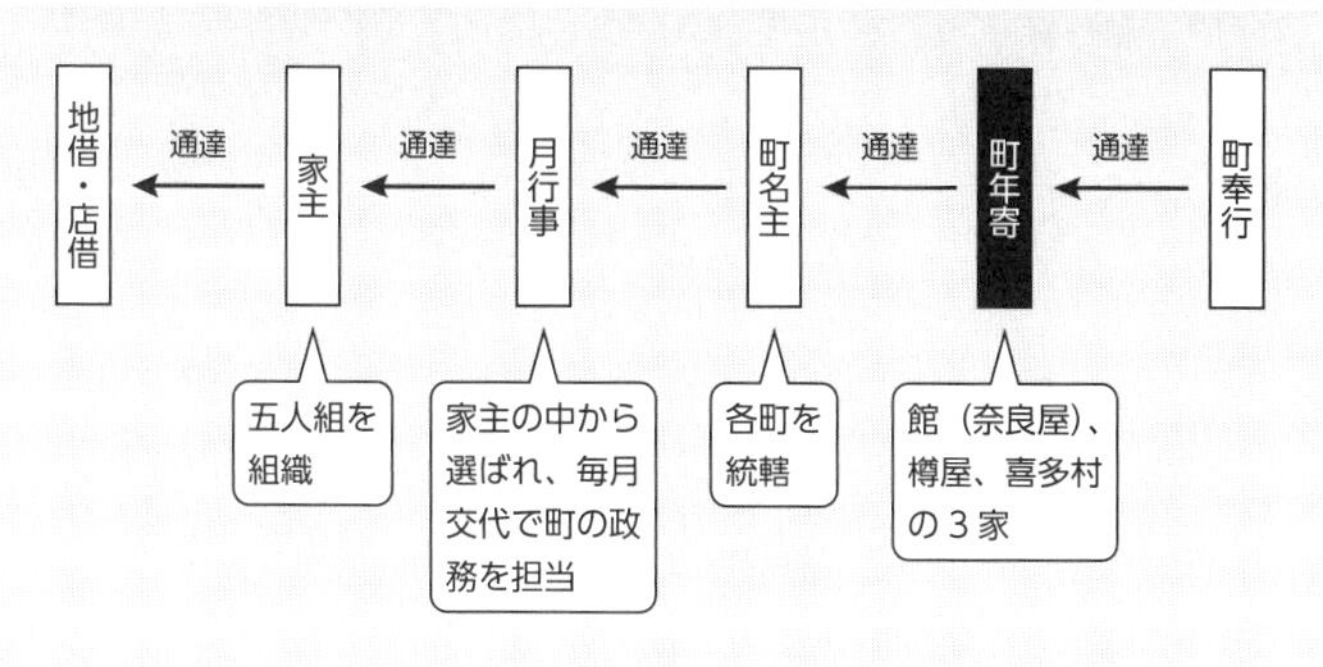
町奉行
通達
町年寄
館（奈良屋）、樽屋、喜多村の３家
通達
町名主
各町を統轄
通達
月行事
家主の中から選ばれ、毎月交代で町の政務を担当
通達
家主
五人組を組織
通達
地借・店借

町政の実務は町年寄・町名主・月行事の３役からなる町役人が運営。町奉行から出された触を町人に伝える役割を担った。

三丁目）など約一八〇〇坪の町屋敷を拝領。これらを町人に貸し、そこから上がる地代を収入とした。寛政元年（一七八九）には、奈良屋が約六一九両、樽屋が約五五〇両、喜多村が約五六六両の地代収入を得ている。

また、正月三日には年頭参賀のために登城したり、将軍の寛永寺《かんえいじ》・増上寺《ぞうじょうじ》の御成時に拝謁したりするなど、江戸町人のトップとして厳然たる権威を誇った。

なお、樽屋は寛政二年（一七九〇）に樽姓を、奈良屋は天保五年（一八三四）に館《たち》姓を名乗ることを許されている。喜多村はもともと姓を持っていた。

●とくに重要だった職務・町触

町年寄は町奉行のもと月番で勤務にあたり、

町人人別の集計や問屋・商人・職人仲間の統制、上水道の管理、争議の調停、各種調査・諮問などにあたる一方で、町方の意見を町奉行に伝えるという役割も果たした。実際に個々の町を支配していた者は「町名主《まちなぬし》」と呼ばれるが、町年寄は町奉行と町名主の間に立って町の行政が円滑に進むよう尽力していたのである。

なかでも、とくに重要な職務であったのが、幕府が発する法令や政策などを各町へ伝達することだった。これを「町触《まちぶれ》」という。重要な触を除き、三人の町年寄の名義で町触が発せられた。

町触は、町奉行を通じてまず町年寄に伝達された。その後、町年寄は町名主を呼び出してそれを伝え、町名主は長屋の大家である家主に伝達する。そして最後に家主が長屋の住民を集めて読み聞かせ、周知徹底を図った。その後は町の住民が触の内容を把握したことを示すために町中連判が作成され、町年寄に提出された。

一方、町の行政において、もっとも町人と密接に関わっていたのは長屋の家主であろう。家主は店子の保証人であり、かつ親同然の存在でもあった。店子は法的には正式な町人とは見なされなかったため、公役や町入用は免除されたが、一方で訴訟を行なうことができなかった。そのため、店子が関わる事件が起きたときには、家主が訴訟に付き添ったのである。

日本橋に広大な屋敷地を拝領した町年寄

館《たち》（奈良屋《ならや》）市右衛門
もと三河国の商人で、徳川家康の江戸入府に伴い江戸に移る。3人の町年寄の筆頭に選せられた。
樽屋《たるや》藤右衛門
先祖は三河国刈谷城主・水野忠政の孫で家康の従兄弟にあたり、武士から商人に転じた。家康の江戸入府にあたり、京の豪商・茶屋四郎次郎の推薦によって江戸の町年寄に任ぜられたという。
江戸城
常盤橋御門
呉服橋御門
館（旧奈良屋）市右衛門
現・神田駅
金座
樽屋藤右衛門
神田川
喜多村彦右衛門
日本橋
現・三越前駅
現・新日本橋駅
長浜町
江戸橋
喜多村《きたむら》彦右衛門
家康の江戸入府に伴って遠江国、もしくは加賀国から江戸に入り、馬飼料の御用と関八州の連雀商札座の支配を任された。
現・小伝馬町駅
岩代町
北
橘町一丁目
チェック point
町年寄拝領地
町年寄は金座周辺の地のほか、長浜町（現・日本橋室町1丁目）や橘町（現・東日本橋3丁目）、岩代町（現・日本橋堀留町）など様々な場所に屋敷地を賜った。その総坪数は3人合わせて約7500坪にも及んだ。
現・東日本橋駅

江戸の消防団

火事と喧嘩は江戸の華！花形の職業となった町火消

対象エリア
日本橋
本所
深川　ほか

●消防組織の整備

江戸の町では、日常的に火災が発生した。江戸期を通じて複数の町を焼く火事はじつに一〇〇〇回近く発生したといわれ、江戸城本丸もたびたび焼失の憂き目にあっている。当時は食事の煮炊きや照明・暖房器具などあらゆる場面で火が用いられていたことに加え、木造の住宅が密集して建ち並んでいたため、一度出火してしまうと、瞬く間に燃え広がってしまったのである。空気が乾燥し、強い季節風が吹き荒れた冬場は、とくに火災が頻発した。

防火政策は、江戸時代を通じて喫緊の問題だった。そのため幕府は火除地《ひよけち》や広小路《ひろこうじ》を設けたり、町屋を瓦葺《かわらぶき》屋根や土蔵造に改造するなどして火災に強い町づくりを進めていったが、その一環として「火消《ひけし》」と呼ばれる消防組織も整備した。火災を未然に防ぐために市中を見回らせ、いざ火災が起きたときには消火活動にあたらせたのである。

寛永二〇年（一六四三）には、六万石以下の大名一六家を四組に編成した「大名火消」

町火消に割り当てられた持ち場

町火消《まちびけし》

配置は『町火消配置図』（嘉永4年）による。いろは48字中、「へ」「ら」「ひ」は語感の悪さからそれぞれ「百」「千」「万」の字があてられた。

組の構成

町火消には階級が存在していた。各組のトップに立つのは頭取。その下は頭、纏、纏持、梯子持、平人、人足という6階級に分かれていた。

火事と喧嘩は江戸の華

町火消は縄張り意識が強く、組の面子をかけてしばしば喧嘩を繰り返した。この喧噪騒ぎは火事と並んで江戸の名物であるとされ、町火消の威勢のよい姿は錦絵の格好の題材にもなった。

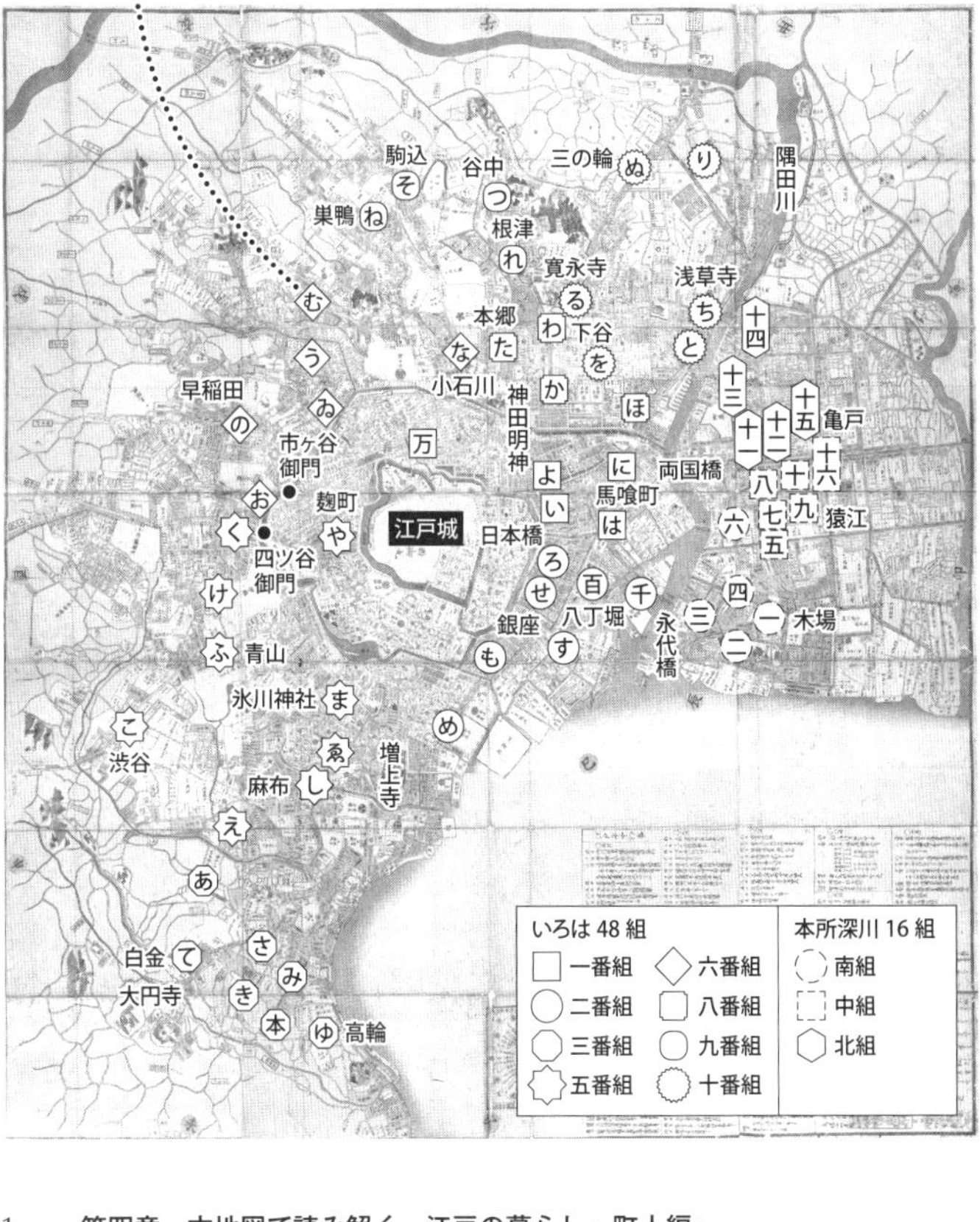

駒込 そ
谷中 つ
三の輪 ぬ
り
隅田川
巣鴨 ね
根津 れ
寛永寺 る
浅草寺 ち
む
本郷 た
わ 下谷 を
と
十四
う
な
小石川
神田明神 か
早稲田 の
ゐ
ほ
十三
十五 亀戸
十二
十一
市ケ谷御門
万
よ
に
両国橋
十六
おく
麹町 や
江戸城
四ツ谷御門
日本橋 い
馬喰町 は
八 十 九
六 七 五
猿江
ろ
百
千
け
せ
八丁堀
四 三 一 木場
二
銀座
永代橋
ふ 青山
も
す
氷川神社 ま
め
ゑ
こ
渋谷
増上寺
麻布 し
え
あ
白金 て
さ
み
大円寺
き
本
ゆ 高輪
いろは 48 組
一番組
六番組
二番組
八番組
三番組
九番組
五番組
十番組
本所深川 16 組
南組
中組
北組

を創設した。一組の定員は四二〇人で、各組が一〇日交代で幕府関連施設の防火にあたった。火災が起こった際は、持ち場に近い大名火消が消火を行なった。

万治元年（一六五八）には旗本四名に火消屋敷を与えて「定火消《じょうびけし》」を整備。旗本の下には与力《よりき》六騎、同心《どうしん》三〇人が配され、江戸市中の消防活動を行なった。一八世紀初頭以降、常時一〇隊が任務にあたったことから、「十人火消」とも呼ばれた。

●町火消の誕生

享保三年（一七一八）、町奉行・大岡忠相《おおおかただすけ》のもと、町人による「町火消」が設置された。享保五年（一七二〇）には隅田川以西の地域を約二〇町ごとに四七組（のち四八組）に分け、本所・深川地域は一六組に分けてそれぞれに持ち場が割り当てられた。指揮をとったのは、町奉行所の与力と同心である。享保七年（一七二二）には武家地での消火活動も認められ、さらには江戸城内の消火活動も担うようになった。ただし火消といっても、当時の消火活動は類焼を防ぐために近隣の建物を壊す「破壊消防」がメインだった。まず火消頭が風向きや火の勢いを見てどの建物を壊すかを決める。その後、纏持《まといもち》がその家の屋根に上がって纏を掲げ、ほかの火消に壊す家を指し示したのである。

町火消が成立した当初は商家の店員などが出動して消火活動にあたったが、なかには高

町火消による破壊消防

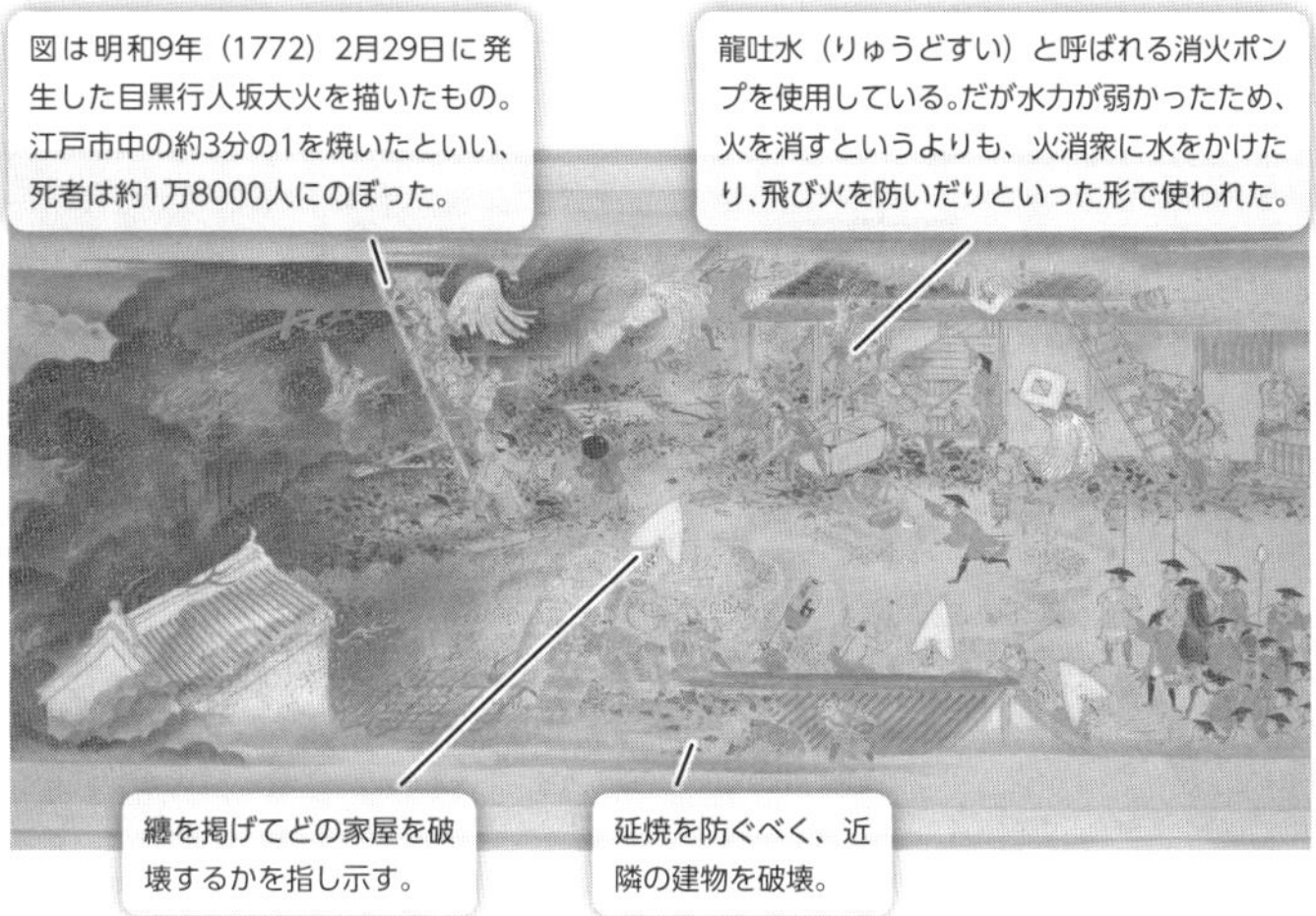

図は明和9年（1772）2月29日に発生した目黒行人坂大火を描いたもの。江戸市中の約3分の1を焼いたといい、死者は約1万8000人にのぼった。
龍吐水（りゅうどすい）と呼ばれる消火ポンプを使用している。だが水力が弱かったため、火を消すというよりも、火消衆に水をかけたり、飛び火を防いだりといった形で使われた。
纏を掲げてどの家屋を破壊するかを指し示す。
延焼を防ぐべく、近隣の建物を破壊。

所で作業することに怖気《おじけ》づく者や、自分の店や家の心配をして現場から帰ってしまう者などが続出したという。そこで町の人々は、鳶《とび》職《しょく》の人々を雇うようになった。日頃から建築現場で働く鳶職は「破壊消防」にはうってつけの人材だったためである。

各組で独自につくられた纏を翻し、独特の装束を着てさっそうと火災現場で働いた彼らの雄姿は江戸の名物にもなった。彼らは縄張り意識が非常に強く、組の面子《めんつ》をかけてたびたび喧嘩したため、「火事と喧嘩は江戸の華」として浮世絵などの題材としても多く取り上げられた。

なお、江戸全体で一万人近い火消人足《にんそく》がいたといわれるが、彼らに支払われる報酬はすべて町方が負担した。

江戸の
時刻制度

江戸の人々に時刻を告げた時の鐘、つき方にはルールが定められていた？

対象エリア
日本橋
上野
浅草　ほか

●時の鐘の設置

江戸時代の時刻は、日の出と日の入りを境として昼夜六刻《こく》、計一二刻に等分する不定時法が用いられていた。季節によって日の出と日の入りの時刻は異なるため、同じ昼の一刻とはいっても、夏のほうが冬よりも長くなっていた。

この時刻を江戸市中に知らせるための道具として設置されたのが、時の鐘である。寛永三年（一六二六）、日本橋本石《ほんこく》三丁目に鐘楼《しょうろう》が設けられたのを手始めとして、江戸中期には寛永寺や浅草寺、市ヶ谷八幡、赤坂田町成満寺《じょうまんじ》、四谷天龍寺《てんりゅうじ》、目白不動尊など一〇数か所に設置された。

時の鐘は、江戸に暮らす人々の行動の指標となった。日の出とともに打ち鳴らされる明六ツ（午前六時頃）の鐘で起床。身支度を整えて仕事に出掛けたのち、昼九ツ（午後〇時頃）の鐘を合図として昼休憩に入った。その後、暮六ツ（午後六時頃）の鐘が鳴り響いたら、その日の仕事はおしまい。後片づけをして家に帰るという生活を送っていた。

江戸に時刻を知らせた時の鐘

時の鐘

江戸時代、時刻は時の鐘を通じて知らされた。江戸市中にどれだけ時の鐘が置かれていたかは定かではないが、少なくとも図中の15か所で確認されている。

寛永寺の時の鐘

現在も同じ場所に時の鐘が置かれている。午前6時、正午、午後6時の3回つかれる。

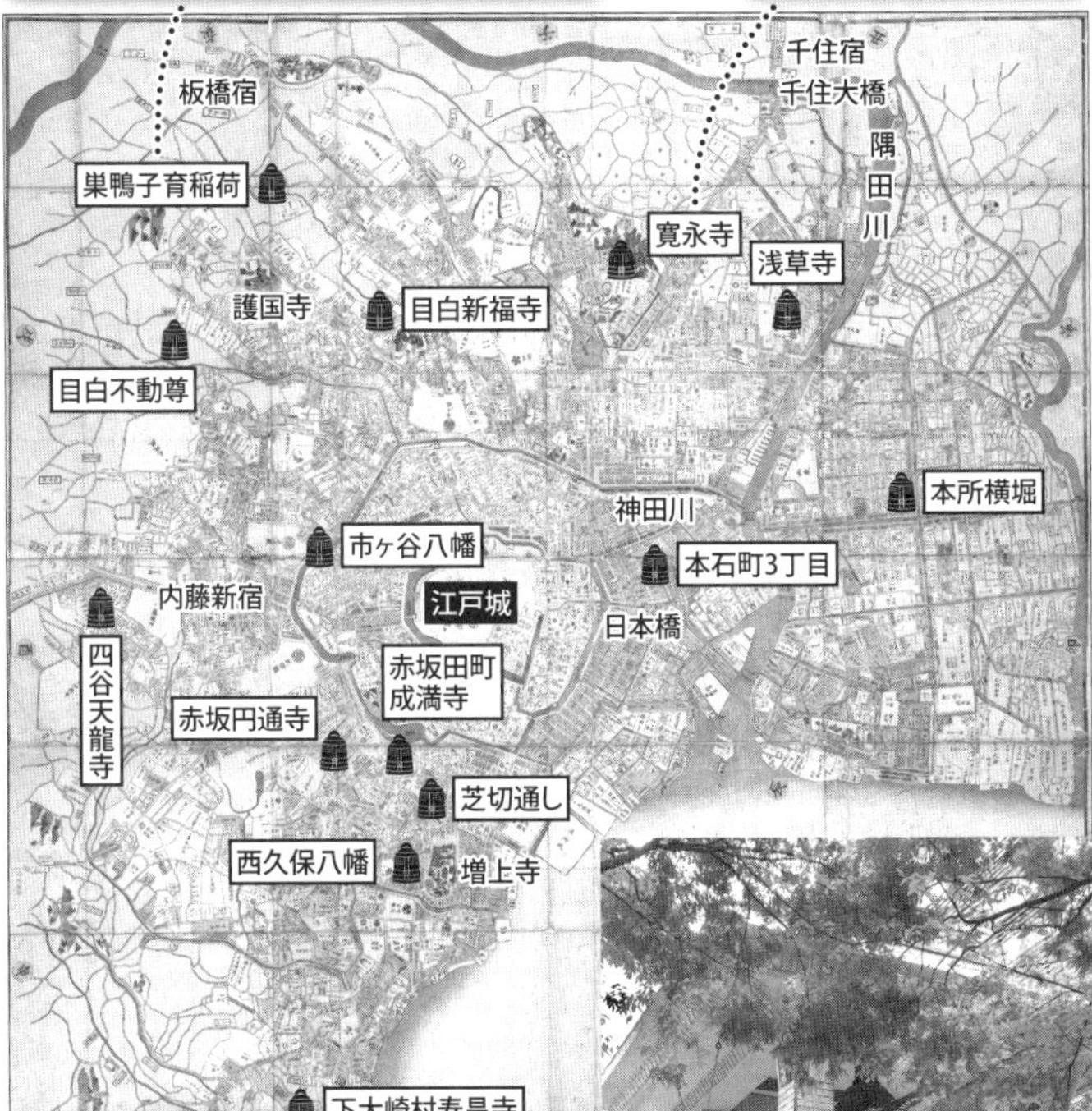

本石町に置かれた時の鐘は現在、十思公園内の鐘楼に設置されている。

なお、時の鐘が設置される以前は、太鼓を叩いて時刻を知らせていた。この役目についた人物は、徳川家康の寵愛を受けた蓮宗《れんしゅう》という人物だったと伝わる。

のちに時を知らせる道具は太鼓から時の鐘へと変わるが、日本橋本石町の時の鐘をつく役は蓮宗の子孫である辻源七《つじげんしち》が命じられた。以降、辻家が代々世襲で日本橋本石町の時の鐘の番を担ったという。当初は明六ツ（午前六時頃）と暮六ツ（午後六時頃）の一日二回、鐘がつかれたが、やがて一刻ごとに鐘をつき、江戸市中に時を告げるようになった。

●時の鐘のつき方

時の鐘は幕府の管轄下に置かれたため、つき方がしっかりと定められていた。まずは捨て鐘を三回つく。一回目は長く、二、三回目は続けてついた。これから時を告げるという合図である。

その後、たとえば明六ツ（午前六時頃）であれば六回鐘をつく。最初は間隔を長めに取り、それから次第に短くなるようについていった。江戸の時刻は昼八ツ（午後二時頃）や夕七ツ（午後四時頃）、夜五ツ（午後八時頃）といった具合に数字で表わされたが、これはその時刻につかれた鐘の数にちなむものである。

また、複数箇所に設置された時の鐘は同時につかれたわけではなく、つく順番もきちんと決められていた。江戸中期に編纂された法令集『享保撰要類集《きょうほうせんようるいしゅう》』によると、まず寛永寺で捨て鐘がつかれ、その音を聞いて市ヶ谷八幡、赤坂成満寺、芝切通しという順番につかれていった。そしてそのほかの時の鐘も、これらの鐘の音を聞いて遅すぎず、また速すぎないタイミングでつくよう申し渡しがなされていたという。

こうして江戸っ子たちは時刻を知ったわけであるが、じつは鐘の音は無料ではなかった。鐘の音が聞こえる区域に含まれる町では「鐘役銭《かねやくせん》」という代金が徴収されていたのである。金額は月々永楽銭一文だった。基本的には町人に課せられた税であるが、本所横川町の時の鐘のように、中には武士から徴収するところもあった。武士の場合は、禄高に応じて金額が異なっていたという。

いまに伝わる寛永寺の時の鐘は、天明7年（1787）に鋳造されたものである。

一方、時の鐘は木戸の開閉や処刑の執行時間などの合図としても使われた。

その後、時の鐘は明治四年（一八七一）九月八日に廃止され、その役割を終えた。ただし上野恩賜公園に残る寛永寺の時の鐘は、かつてと同じ場所で現在も午前六時、正午、午後六時の一日三回、時を告げている。

江戸のゴミ捨て場が新たな町地として開発される！

対象エリア
永代島周辺

●江戸のリサイクル事情

江戸時代は、高度なリサイクルシステムが発展していたといわれる。たとえば使用済みの紙は紙くず屋が回収し、その後、紙くず問屋が漉《す》き直して再び市場に流通させた。この時代からすでに再生紙が使われていたのである。そのほか、壊れた傘を回収して和紙を貼り直して売ったり、竈《かまど》や炉《ろ》の灰を回収して肥料用として売ったりするなど、じつに様々な物を回収・リサイクルする業者が存在していた。

江戸のリサイクル業者の中で、とくに多かったのは古着を扱う業者だった。当時、着物は大変高価な代物であったことから、庶民がおいそれと手を出せるものではなかった。そこで重宝したのが古着屋だった。古着を購入し、端切れなどで繕い直しながら着尽くしたのである。

寒くなれば着物の内側に木綿を縫い込んで冬用に仕立て、古くなった大人用の着物は子ども用に仕立て直して利用した。仕立て直せなくなった着物も、ぞうきんやおむつとして

新田へと変貌を遂げたゴミ捨て場

永代橋

永代島の埋め立てが進められる中、元禄11年（1698）に架橋される。現在の永代橋は大正15年（1926）12月の竣工。

ゴミの処理は町人負担

ゴミの処理にかかった費用は、基本的には町入用（町の経費）によって支払われていた。

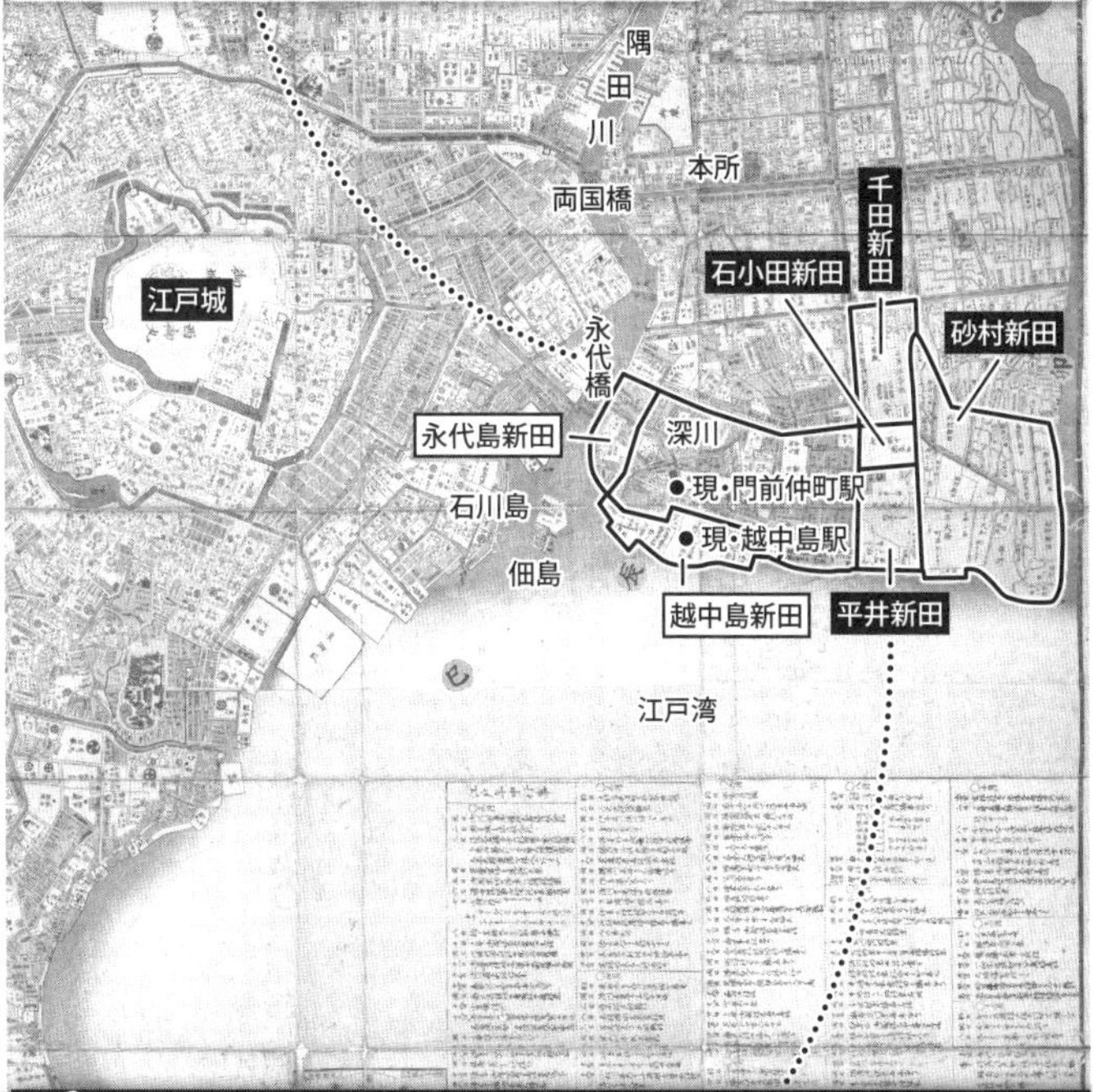

隅田川
本所
両国橋
千田新田
石小田新田
江戸城
永代橋
砂村新田
永代島新田
深川
● 現・門前仲町駅
石川島
● 現・越中島駅
佃島
越中島新田
平井新田
江戸湾

チェックpoint
ゴミを埋め立てて拡大した町地

ゴミの埋め立てによって造成された石小田新田（現・江東区東陽4～6丁目）、平井新田（現・江東区東陽3、5丁目）、千田新田（現・江東区千田）、砂村新田（現・江東区南砂、東砂）などの新開地はのち町人に払い下げられ、町地として開発されていった。

とことん使い切ったのだ。江戸の中でも、日蔭町《ひかげちょう》通り（現在の第一京浜の一部）には多数の古着屋が軒を連ねており、日々古着を買い求める庶民で大いに賑わいを見せた。江戸に出てきた諸藩の武士も、増上寺や泉岳寺《せんがくじ》などを参詣したのち、この場所に立ち寄って土産を物色したと伝わる。

●ゴミ捨て場となった永代島

しかしそれでも、拡大の一途を続ける江戸の町にあって、ゴミの処理はきわめて深刻な問題であった。江戸時代初期の頃は、原則、町人地のゴミの処理は各町や各戸に委ねられていた。だがゴミを捨てる場所などはなく、共同の会所地に山のように積んだり、堀や川、下水に流したりと散々な状況だった。さすがの幕府もこれを見兼ね、慶安元年（一六四八）には水路へのゴミ捨てを禁止、さらに翌年には会所地へのゴミ捨てを禁じたが、焼け石に水だった。

明暦元年（一六五五）、幕府はゴミを水路に捨てることを改めて禁じるとともに、日中に限って永代島《えいたいしま》（現・江東区永代）にゴミを捨てるよう命じた。また、ゴミの集積所として長屋には芥溜が、各町には大芥溜が設置された。芥溜に集められたゴミは大芥溜にまとめられ、それからゴミを回収する業者によって河岸まで運ばれた。そして芥舟《あくたぶね》と呼ばれる運搬船で運ばれ、永代島で捨てられたのである。ゴミの処理費用は、基本的には町入用で賄われた。ゴミの回収はかなりの収益が期待できたといい、享保一九年（一七三四）にはゴミの回収業者による組合が成立。幕府の鑑札を所有した業者のみが、ゴミの回収・運搬を行なえるようになった。

だが永代島のスペースも無限ではなく、元禄一〇年（一六九七）にはゴミでいっぱいになってしまう。すると幕府は洲崎から砂村にかけて堤防を構築し、その内側にゴミを埋め立てて新田（新開地）を開発した。

享保一五年（一七三〇）には越中島《えっちゅうじま》（現・江東区越中島）が新たなゴミ捨て場として指定されたが、その後も石小田新田（現・江東区東陽）、平井新田（現・江東区東陽）、砂村新田（現・江東区南砂・東砂・新砂）などゴミの埋め立てによる新田開発は続き、江戸の町は拡大を続けた。

人糞もしっかりリサイクル

当時は江戸近郊の農民が肥料として大便と小便を買い取っていたため、江戸の町は常に清潔な状態が保たれていた。屎尿は舟や馬、荷車などによって農村まで運ばれた（『江戸名所道外尽　廿八　妻恋こみ坂の景』広景）。

江戸の医療

貧民のために設置された無料の病院、しかしその内部は腐敗していた？

対象エリア
小石川
秋葉原 ほか

●漢方医と蘭方医

一八世紀に西洋医学が伝来するまで、江戸時代の医者は漢方医が主流だった。江戸時代の病は疫病（伝染性の熱病のこと。江戸時代は麻疹《はしか》や天然痘《てんねんとう》、コレラなどが流行した）、疝《せん》気《き》（胸の痛み）、癪《しゃく》（腹部の痛み）、食傷《しょくしょう》（食あたり）、腫病《はれやまい》（皮膚のでき物、内蔵の肥大）という症状で分類されていたので、漢方医は患者を診察して症状を診断すると、それぞれに効くとされていた漢方薬を調合して処方した。いわば内科的診療がメインだったのである。刀傷の治療を行なう金創医《きんそうい》という外科医はいたが、臓器の治療に外科的手法はとられなかった。

だが医師の診断を受けるには多額の費用を要したため、庶民は町中の薬種問屋や薬の行商などから漢方薬を購入し、服用した。

一八世紀半ばにオランダ商館の医師などを通じて西洋医学が伝えられると、それらを学んだ蘭方医が登場。器具を使った外科的治療を行なった点に特徴があり、一九世紀には漢

小石川養生所の設置

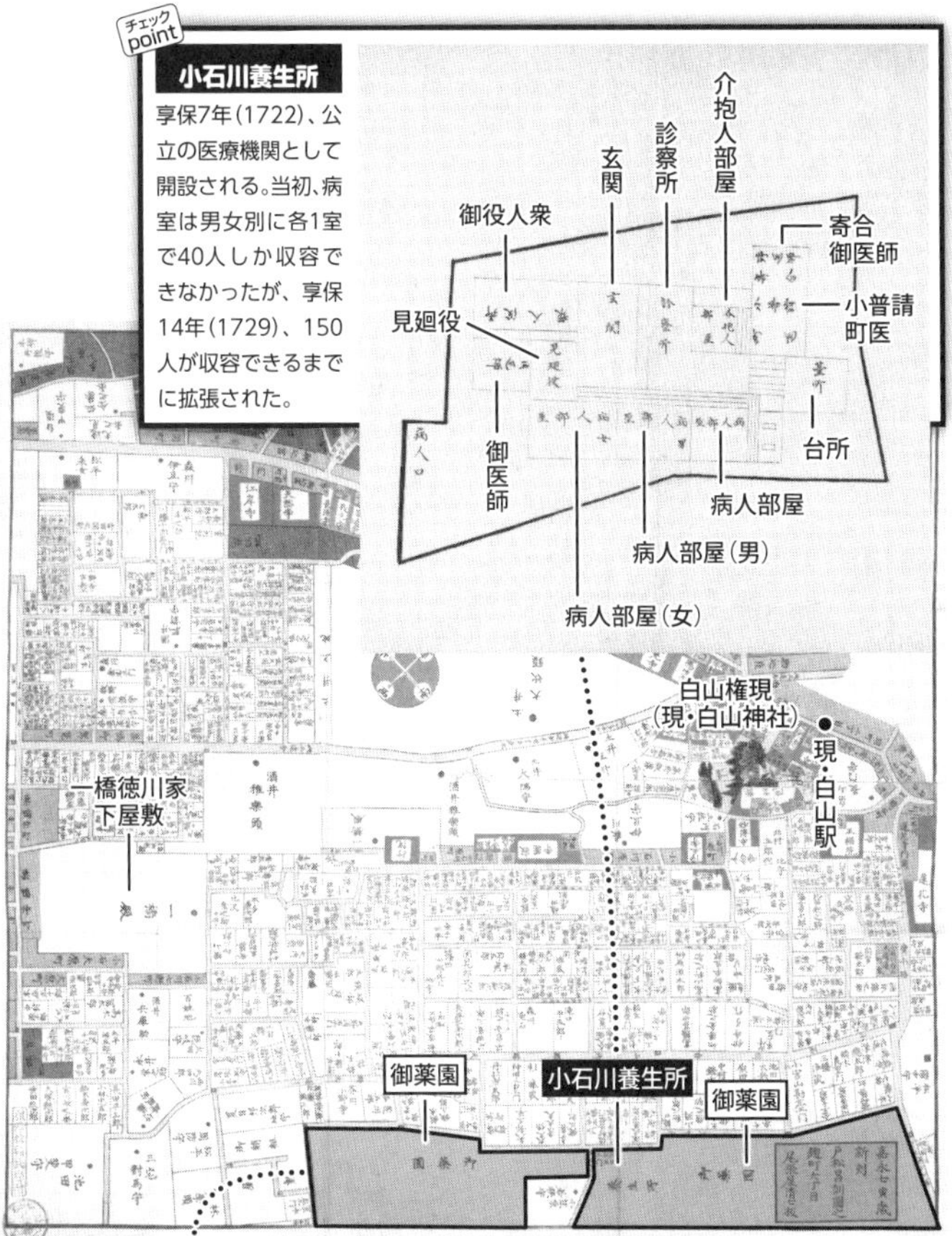

介抱人部屋
診察所
玄関
御役人衆
寄合御医師
小普請町医
見廻役
台所
御医師
病人部屋
病人部屋（男）
病人部屋（女）
白山権現（現・白山神社）
現・白山駅
一橋徳川家下屋敷
御薬園
小石川養生所
御薬園

チェックpoint

小石川養生所

享保7年（1722）、公立の医療機関として開設される。当初、病室は男女別に各1室で40人しか収容できなかったが、享保14年（1729）、150人が収容できるまでに拡張された。

御薬園《おやくえん》

幕府が薬草の栽培と研究を行なう場。享保6年（1721）に敷地が約4万坪へと拡張された。現在は小石川植物園となっているが、敷地は当時のまま。

方に代わって蘭方が医療の主流となった。明治時代も医師免許取得の条件として西洋医学の修了が挙げられている。

●貧民のための病院

このように江戸時代も医療体制はしっかりと整備されていたが、庶民には少し敷居が高かった。

そこで享保七年(一七二二)一二月一三日、貧民向けの医療施設として小石川の薬園内に養生所が設立された。小川笙船《おがわしょうせん》という漢方医が目安箱に投げ入れた設立願いを受けて、八代吉宗《よしむね》が設立を命じたものである。

小石川養生所内には本道(内科)、外科、眼科などが置かれ、初代肝煎《きもいり》(病院長)には笙船が任じられた。以降、笙船の子孫が肝煎を世襲した。また、小普請《こぶしん》医師(幕府に仕えた医師のうち、無役だった者)の岡丈庵《おかじょうあん》、林良適《はやしりょうてき》の二名が笙船を支えた。

小石川養生所の最大の特徴は、診療が無料だった点にある。入所できる者も、薬を服用することができない貧乏な病人、看病する者がいない独り身の病人、妻子も病気で養生できない病人に限られ、入院中は食事や衣服、寝間着なども支給された。

できるだけ多くの病人に診療を受けさせるべく、幕府も八四三両という多額の予算を投

神田につくられた医学の教育機関

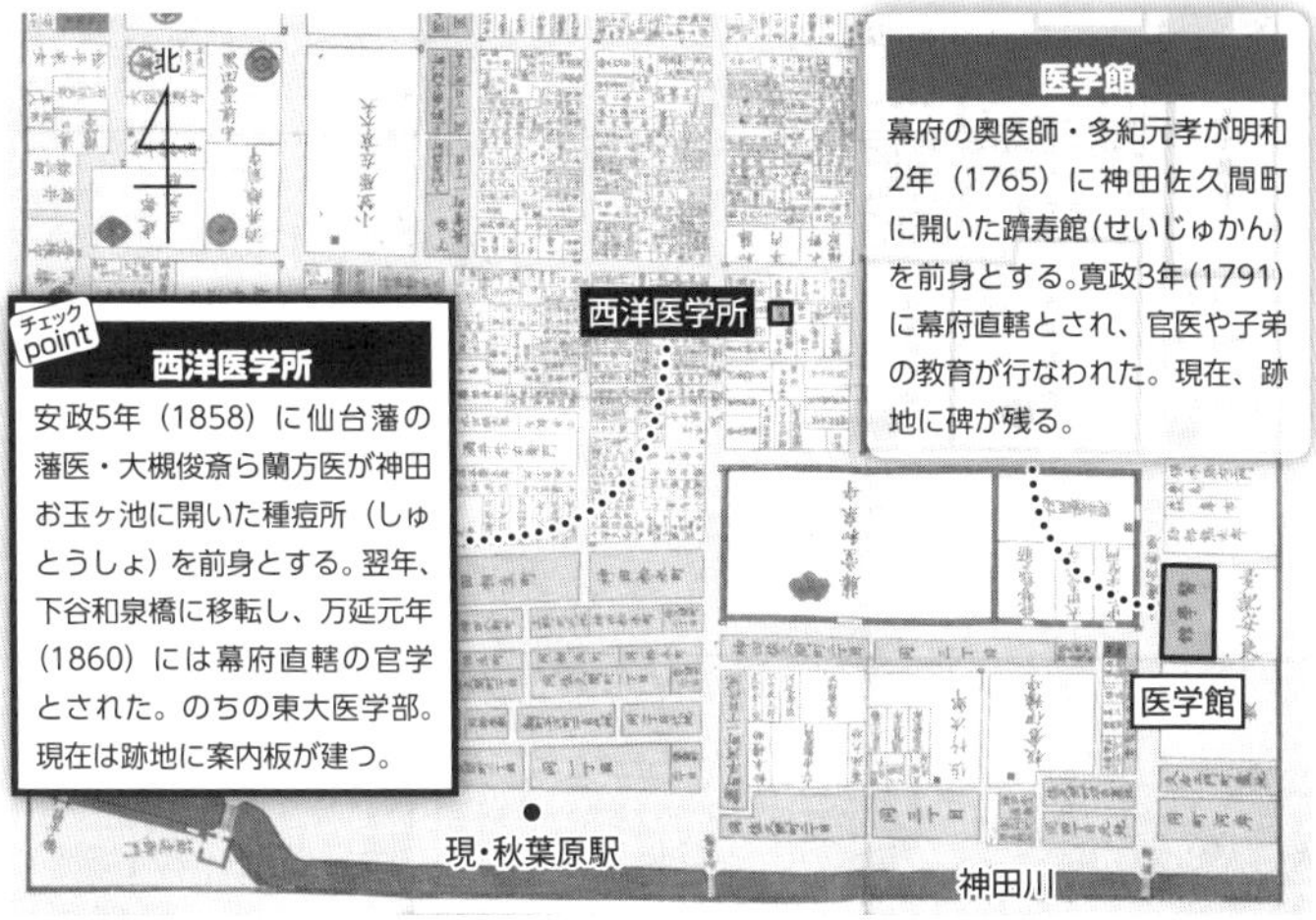
北
医学館
幕府の奥医師・多紀元孝が明和2年（1765）に神田佐久間町に開いた躋寿館(せいじゅかん)を前身とする。寛政3年(1791)に幕府直轄とされ、官医や子弟の教育が行なわれた。現在、跡地に碑が残る。
西洋医学所
チェックpoint
西洋医学所
安政5年（1858）に仙台藩の藩医・大槻俊斎ら蘭方医が神田お玉ヶ池に開いた種痘所（しゅとうしょ）を前身とする。翌年、下谷和泉橋に移転し、万延元年（1860）には幕府直轄の官学とされた。のちの東大医学部。現在は跡地に案内板が建つ。
医学館
現・秋葉原駅
神田川

入。当初四〇人だった定員を享保一四年（一七二九）には一五〇人にまで拡張し（享保一八年には一一七人となっている）、医師も内科二名、外科二名、眼科一名へと増員した。また、病人の看病にあたる看病中間《ちゅうげん》や女中間、食事をつくる賄《まかない》中間などの医療補助者も雇用された。

　こうして小石川養生所では、享保七年から安政六年（一八五九）までの間に、じつに約三万二〇〇〇人もの庶民の治療にあたったと伝わる。

　だが、やがて牢屋敷同様、入院する病人は看病中間から「袖の下」を要求されるようになってしまう。金銭を払えなかったり、看病中間の心証を害したりしたときは虐待されることもあったという。

江戸の農村

年貢を納めるのは年に三回！収穫量の半分を幕府に上納

対象エリア
麻布
世田谷
目黒　ほか

●村民をまとめた村方三役

江戸時代は、身分によって住む場所が厳密に定められていた。武士や町人は「城下町」、農民は「村」といった具合である。

当時の村は、一つの行政単位として機能していた。幕領の村の場合は、郡代や代官が村単位で税金や賦役などを課した（村請制《むらうけせい》）。これに対して、村では名主《なぬし》（村長）、組頭《くみがしら》（五人組の長）、百姓代《ひゃくしょうだい》（監査役）と呼ばれる村方三役が中心となって村政を司り、村人全員の年貢納入作業や諸役などを監督した。郡代や代官が農村の経営を直接行なったわけではなかったのである。

一方、その下に置かれた村人たちは五人組の制度によって連帯責任の義務を負わされた。なお、一八世紀以降は土地を所有する本百姓も村政に参加できるようになり、なかには村役人に選出される者も現われるようになった。

年貢を納めるのは、関東の場合は夏、秋、冬の三回だった。毎年冬、郡代・代官から提示された年貢上納額に基づき、村役人が一軒ずつの負担額を決定。その後、村役人は各戸から徴収した年貢を取りまとめ、代官所に納めた。幕領の農民に課せられた税率は江戸時代前期の頃は「四公六民（収穫の四〇パーセントを納入）」だったが、享保年間（一七一六〜三六年）以降、「五公五民（収穫の五〇パーセントを納入）」となっている。

●地廻り経済圏の形成

江戸周辺や関東近郊の農村は、江戸市中で大量に消費される野菜などの供給地でもあった。江戸時代初期の頃は上方から運ばれる「下り物」に依存していたが、人口の増加に伴い、一八世紀以降は農村で生産された「地廻《じまわ》り物」が大量に流通するようになったのである。亀戸《かめいど》大根《だいこん》や谷中《やなか》生姜《しょうが》、駒込《こまごめ》茄子《なす》、千住《せんじゅ》葱《ねぎ》、早稲田《わせだ》茗荷《みょうが》、内藤《ないとう》唐辛子《とうがらし》など、地域特有の名産品も生み出されていった。こうして江戸城下町と農村の間で形成された流通ネットワークを「地廻り経済圏」という。寛政の改革を主導した老中・松平《まつだいら》定信《さだのぶ》も地廻り経済圏を重視し、江戸の豪商一〇名を勘定所御用達に任命して地場産業の育成につとめている。

ただし、農家一戸あたりの経営規模は小さく、年収も武士の一割ほどしかなかったといわれる。ほとんどの農家は家族経営で成り立っており、一つの家に二、三世帯が一緒に住むという形態が一般的だった。

目黒周辺の農村と張り巡らされた用水

品川用水

全長約27キロメートル。現在の武蔵野市で千川上水を分水して開削された。当時は品川領の村のみが利用することができた。現在、武蔵野市境3丁目に「品川用水取水口跡」が残る。

チェックpoint **目黒不動と中目黒村・下目黒村**

江戸時代、目黒のほとんどは農村だったが、中目黒村と下目黒村は目黒不動の門前町として栄え、茶屋や料理屋などが建ち並んでいたという。

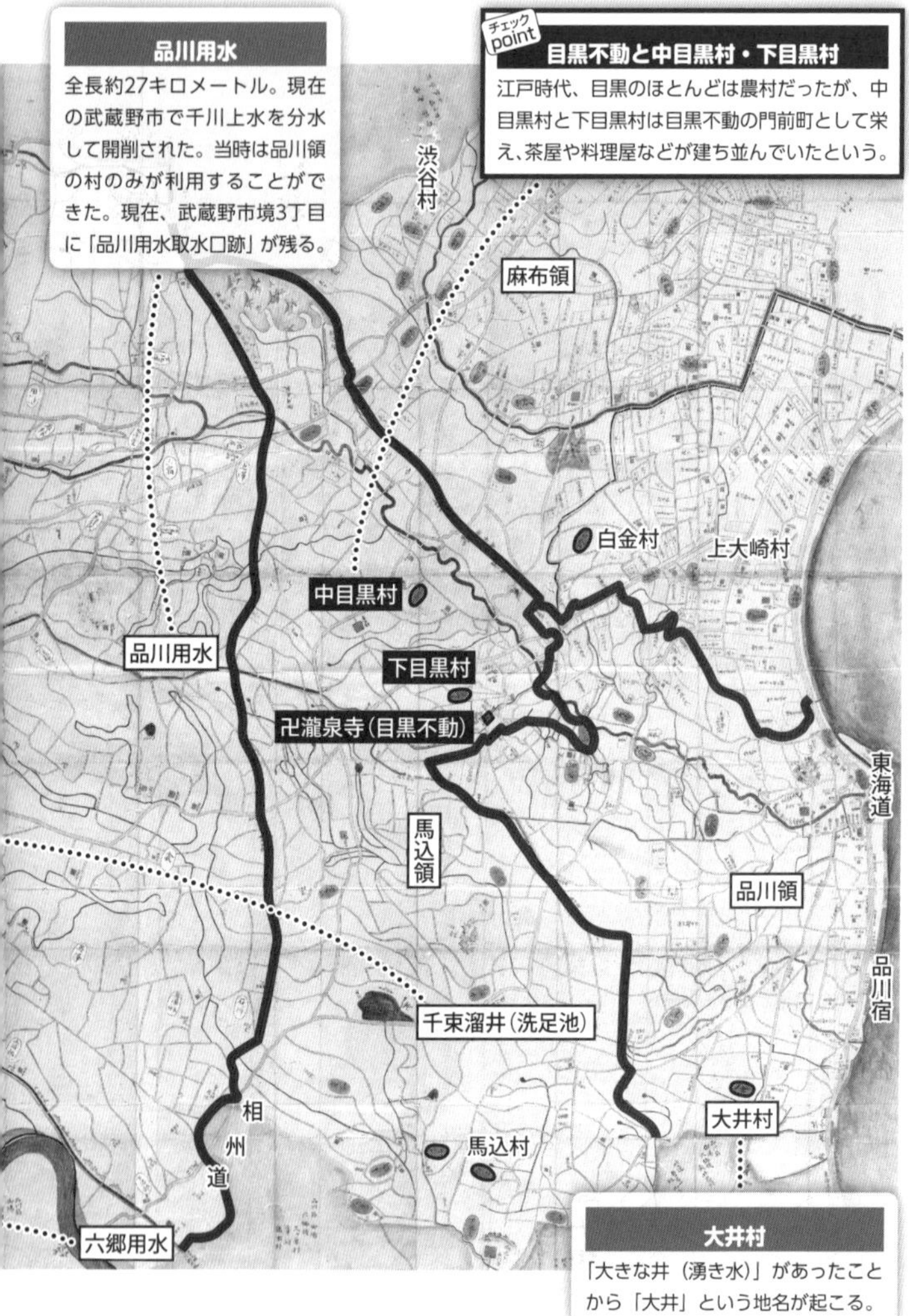
渋谷村
麻布領
白金村
上大崎村
中目黒村
品川用水
下目黒村
卍瀧泉寺(目黒不動)
東海道
馬込領
品川領
品川宿
千束溜井(洗足池)
大井村
相州道
馬込村
六郷用水

大井村

「大きな井（湧き水）」があったことから「大井」という地名が起こる。

上祖師谷村
松原村
経堂在家
世田谷領
世田谷村
用賀村
等々力村
多摩川
南

「領」には農民が住む

武士が江戸城近くの城下町に移り住んだのに対し、農民は幕府の地域支配単位「領」に住居を割り当てられた。

洗足池《せんぞくいけ》

周囲の谷から湧き出た水が集まってできた溜池。いまも豊富に水をたたえている。

六郷用水

全長約23キロメートル。現在の狛江市で多摩川の水を分流して開削された。当時は35の村の農業用水として利用されたという。現在、跡地は次大夫堀公園や道路などとなっている。

江戸の盛り場①

江戸の不夜城・新吉原遊廓は「城郭」のような構造をしていた？

対象エリア
浅草周辺

●厳しい遊女の世界

浅草寺《せんそうじ》の裏手に位置する千束《せんぞく》村（現・台東区千束）では、江戸最大の娯楽場であり、幕府が唯一公認していた遊廓《ゆうかく》・新吉原《しんよしわら》が営業していた。約二七〇軒の妓楼《ぎろう》が置かれ、数千人もの遊女がひしめく歓楽街が形成されていたのである。遊女以外の従業員も五〇〇〇人以上働いていたといわれる。

もともと吉原は、元和四年（一六一八）、江戸市中に点在していた遊女屋を一か所に集めるという目的で葺屋町《ふきやちょう》（現・中央区日本橋人形町、日本橋堀留二丁目周辺）東に設置された。だが江戸の拡大に伴い、期せずして市街地の中心部に隣接するようになってしまったため、治安・風紀上の観点から明暦の大火を契機として浅草に移されたのである。

その際、敷地は元吉原の一・五倍とされ、昼間だけでなく夜間の営業も認められたため、新吉原はまるで「不夜城」といった様相を呈した。

また、豪華な衣装に身を包む花魁《おいらん》は、女性たちの注目の的となった。彼女たちの新奇で

浅草に移転させられた新吉原遊廓

浄閑寺《じょうかんじ》

明暦元年（1655）の創建。新吉原で亡くなった遊女たちはここで埋葬された。寛政5年（1793）、遊女を祀る新吉原総霊塔が建立された。現在、境内に建つ塔は昭和4年（1929）に改修されたもの。

チェックpoint 新吉原

古地図を見ると、新吉原の周囲には田畑が広がっていた様子がうかがえる。妓楼には格のちがいがあり、もっとも下級の局見世では2畳ほどの部屋に布団が1枚敷いてあるだけだった。

●現・南千住駅
浄閑寺
●現・三ノ輪駅
衣紋坂
五十間道
大門
日本堤
新吉原
浅草寺

五十間道《ごじゅっけんどう》

衣紋坂から大門までの距離が50間(約90メートル）あったことにちなむ。現在の道路にも名残がうかがえる。

お歯黒《はぐろ》どぶ

遊廓の周囲に巡らされた幅2間（約3.6メートル）の堀。遊女の逃亡と犯罪者の侵入を防いだほか、遊廓内からの下水の処理という役割も果たした。

大門《おおもん》

新吉原唯一の入口。明6ツ（午前6時頃）に開けられ、夜4ツ（午後10時頃）に閉められた。門の右手側には番人が詰める会所、左手側には町奉行所の同心が詰める番所があり、新吉原の治安を維持した。

華美な服装、髪型は浮世絵の題材としても盛んに取り上げられ、江戸の女性たちはこぞってその姿を真似した。文化年間（一八〇四〜一八年）には、遊女の間で下唇に紅《べに》を濃くつけるという化粧法が流行。だが紅は高価であったことから、江戸の女性たちはまず下地に墨を塗り、その上に紅を重ねた。吉原は江戸の最先端の文化・流行を発信する場でもあったのである。

一方で、遊女の世界は大変厳しいものだった。彼女たちは一〇歳頃のときに遊廓に売られ、一四、五歳で遊女となった。年季（奉公する約束の年限）は大体一〇年。期限前に身《み》請《う》けされるケースもあったが、給与の前借りで借金がかさみ、年季を終えても遊廓を離れられない遊女もいたという。

過酷な労働環境であったため、病気にかかる者も多かった。それでも満足のいく治療を受けることはできなかったため、二〇代で死ぬ者も珍しくはなかった。新吉原で亡くなった遊女たちの遺骸は、現在も三ノ輪にある浄閑寺《じょうかんじ》（通称・投込寺）で葬られた。読経《どきょう》や供養をされることはなく、ただ穴の中に投げ込まれて埋葬された。

●城郭のような新吉原の構造

遊廓の廓は「郭《くるわ》」のことで、本来は城で堀や壁塁、塀で仕切られた区画を意味する。豊

新吉原遊廓の構造

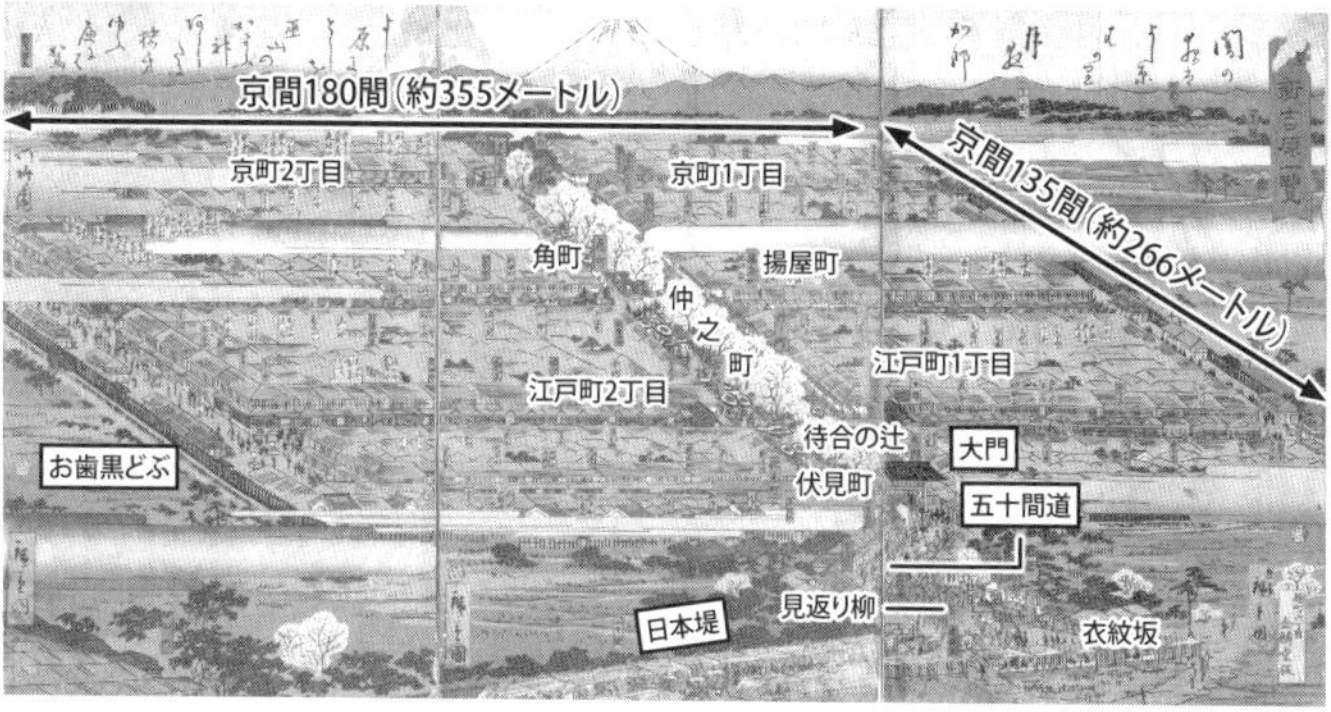

京間180間(約355メートル)
京間135間(約266メートル)
京町2丁目
京町1丁目
角町
揚屋町
仲之町
江戸町2丁目
江戸町1丁目
待合の辻
大門
伏見町
五十間道
お歯黒どぶ
見返り柳
日本堤
衣紋坂

『東都新吉原一覧』に描かれた新吉原遊廓の様子。この土地割りが現在にまで踏襲されている。

臣秀吉が大坂や京で遊女屋を一か所に集めた際、堀や塀で周囲と隔絶したことから遊廓の名が生まれたといわれる。

新吉原もまた、城郭のような構造を有している。城の周囲に堀を巡らせるがごとく、敷地の周囲には「お歯黒どぶ」と呼ばれる小さな堀がつくられ、日本堤通りから吉原の入口である大門《おおもん》へ至る五十間道が曲がりくねっているのも、敵の侵攻を妨げるという城下町特有の道路を想起させる。現在も日本堤の通りから大門へ向かい、振り返ると日本堤の通りが見えなくなる。

江戸文化研究者の田中優子氏はこれらの構造から、吉原遊廓は「遊女を中心にしてつくられた都市であり、かつ一つの自立した都市であった」と指摘している。

江戸の盛り場②

江戸っ子の遊び場として栄えたのは幕府非公認の遊廓・岡場所

対象エリア

深川

根津　ほか

●庶民は岡場所で遊ぶ

吉原遊廓は江戸時代最大の歓楽街であったが、庶民が気楽に遊ぶには敷居が高すぎた。太夫《たゆう》などの高級遊女と遊ぶためには原則として三回通わなければ床入《とこい》りすることができず、目的を達するまでに一〇両（約一二〇万円）以上もの金額がかかったためである。庶民にとって吉原で遊ぶことは憧れであったが、現実には中々手が出せなかった。

そこで庶民がこぞって訪れたのが、幕府非公認の遊廓・岡場所《おかばしょ》だった。その利点は何といっても値段の安さにあった。安いところでは五〇文（約一五〇〇円）ほどで、高くても七〇〇文（約二万一〇〇〇円）ほどで済んだのである。

また、吉原とは違って細かなしきたりなどはなかったため、職人や商家で働く奉公人なども気軽に足を運ぶことができた。岡場所の数も年々増加し、宝暦・天明年間（一七五一～八九年）には一五〇か所以上にまでのぼったという。岡場所で働く遊女の数も二〇〇〇人以上を数えたといい、吉原に負けず劣らずの大賑わいだった。

根津神社の門前で栄えた根津遊廓

根津《ねづ》神社
もともとこの地には甲府藩の屋敷があった。宝永元年（1704）、徳川綱豊（家宣）が5代将軍・綱吉の養嗣子となって江戸城西の丸に入ったことで屋敷地は産土神である根津神社に献納され、宝永3年（1706）、現在地に社殿が造営された。
岡場所
根津神社の門前（古地図上、「根津門前町」と記載）には岡場所が置かれ、多くの客で賑わいを見せたという。だが明治期に東京大学が加賀藩上屋敷跡に移転することが決まると、教育上の観点から岡場所は洲崎（現・江東区東陽1丁目）へと移された。
現・東京大学
本郷キャンパス
不忍池

岡場所は品川・千住・内藤新宿・板橋の江戸四宿など江戸市中の至るところに置かれたが、中でも栄えていたのが深川だった。全盛期には深川だけで二五か所もの岡場所があったという。とくに人気のあったのは「深川七場所（仲町・新地・櫓下《やぐらした》・裾継《すそつぎ》・佃・石場・土橋）」だった。

また、根津神社の門前に置かれた岡場所の規模も大きく、実質的には遊廓と変わりなかった（上図参照）。

しかしこれらの岡場所は非公認であったことから、「営業妨害」であるとして吉原遊廓からたびたび訴えられている。天保一四年（一八四三）には天保の改革の一環としてすべての岡場所に取り払いが命じられたが、実際はその後もひっそりと営業を続けていたという。

熱気に包まれる芝居小屋、その内部はどうなっていた？

対象エリア
浅草周辺

●芝居小屋の成立

「性のテーマパーク」であった吉原遊廓に対し、芝居小屋は「演劇のテーマパーク」として江戸っ子を熱狂させた。

江戸の町に初めて芝居小屋が設置されたのは、寛永元年（一六二四）のことだった。座元は、京で猿若舞《さるわかまい》を創始した狂言師・猿若勘三郎《かんざぶろう》（初代中村勘三郎）が幕府の認可を得て立ち上げた猿若座（のち中村座）。当時は中橋南地《なかばしなんち》（現・中央区京橋一丁目周辺）にあったが、防火・風紀の問題から日本橋禰宜《ねぎ》町を経て堺《さかい》町へと移転した。

一方、中村座の興行の成功を受けて葺屋町では市村座、木挽《こびき》町では森田座（のち守田座）と山村座が幕府の認可を得て歌舞伎の興行を行なった。正徳四年（一七一四）に山村座が廃座して以降、中村座、市村座、森田座が公許の「江戸三座」として、江戸歌舞伎界の中心を担った。その後、江戸三座は奢侈《しゃし》を禁ずる天保の改革の一環で江戸郊外の浅草猿若町に移されたが、江戸の歓楽街であった新吉原と浅草の間に位置していたことから、幕府の

芝居小屋の移転

芝居《しばい》大繁昌《だいはんじょう》之《の》図《ず》

絵図中、木の格子に囲われた両側のエリアが高級な桟敷席。舞台よりも一段低いところが一般席である平土間。

④山村座

寛永19年（1642）、木挽町4丁目で興行を開始。しかし正徳4年（1714）、役者の生島新五郎と大奥御年寄・絵島の密通が発覚し（絵島生島事件）、廃座となった。

北
新吉原
猿若町
浅草寺
禰宜町
葺屋町 ③
江戸城
日本橋
堺町
中橋 ②
④
木挽町 ①
①○森田座
②●中村座
③●市村座
④□山村座

①森田座

万治3年(1660)、木挽町5丁目で興行開始。天保14年（1843)、猿若町3丁目へ移転した。

②中村座

寛永元年（1624)、中橋で興行開始。寛永9年（1632）に禰宜町、慶安4年（1651）に堺町へ移転したのち、天保13年（1842）に猿若町1丁目へ移転した。

③市村座

寛永11年(1634)、上堺町（のち葺屋町）で興行開始。天保13年(1842)、猿若町2丁目へ移転した。

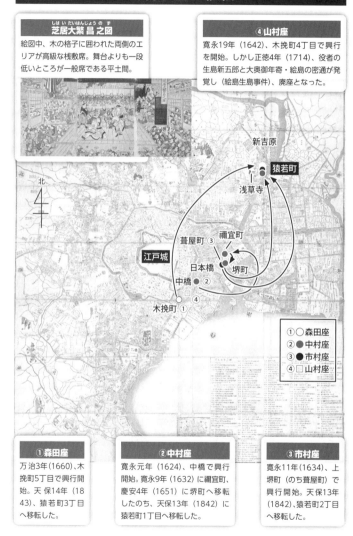

思惑とは裏腹に大勢の人が押し寄せ、大いに賑わいを見せるようになった。

当時の興行は、明六ツ（午前六時頃）から暮七ツ半（午後五時頃）までと一日がかりだったため、人々は芝居茶屋で食事や休憩を取った。また、芝居茶屋は桟敷札《さじきふだ》と呼ばれる入場券を手配する役割も担った。

なお、時間によって演者は異なっていた。朝のうちは駆け出しの役者による出し物が行なわれ、興行が終幕を迎える夕七ツ頃（午後四時頃）に人気役者が登場。フィナーレを迎えた。

●芝居小屋の構造

『町方書上《まちかたかきあげ》』によると、江戸三座の中でも代表的な芝居小屋・中村座の間口は一一間（約一九・八メートル）、奥行は三間（約五・四メートル）。小屋の正面に九尺四方（約二・七メートル）の櫓《やぐら》が高く組まれ、その下には演目や役者名を記した華やかな看板や提灯などが飾られていた。

鼠木戸《ねずみきど》と呼ばれる狭い入口を抜けて中に入ると、一般の客席・平土間《ひらどま》が広がる。席は升《ます》で仕切られ、一升に四〜六人が詰めて座った。席料は、寛政五年（一七九三）の時点で銀二五匁（約四万五〇〇〇円）かかった。

猿若町の構造

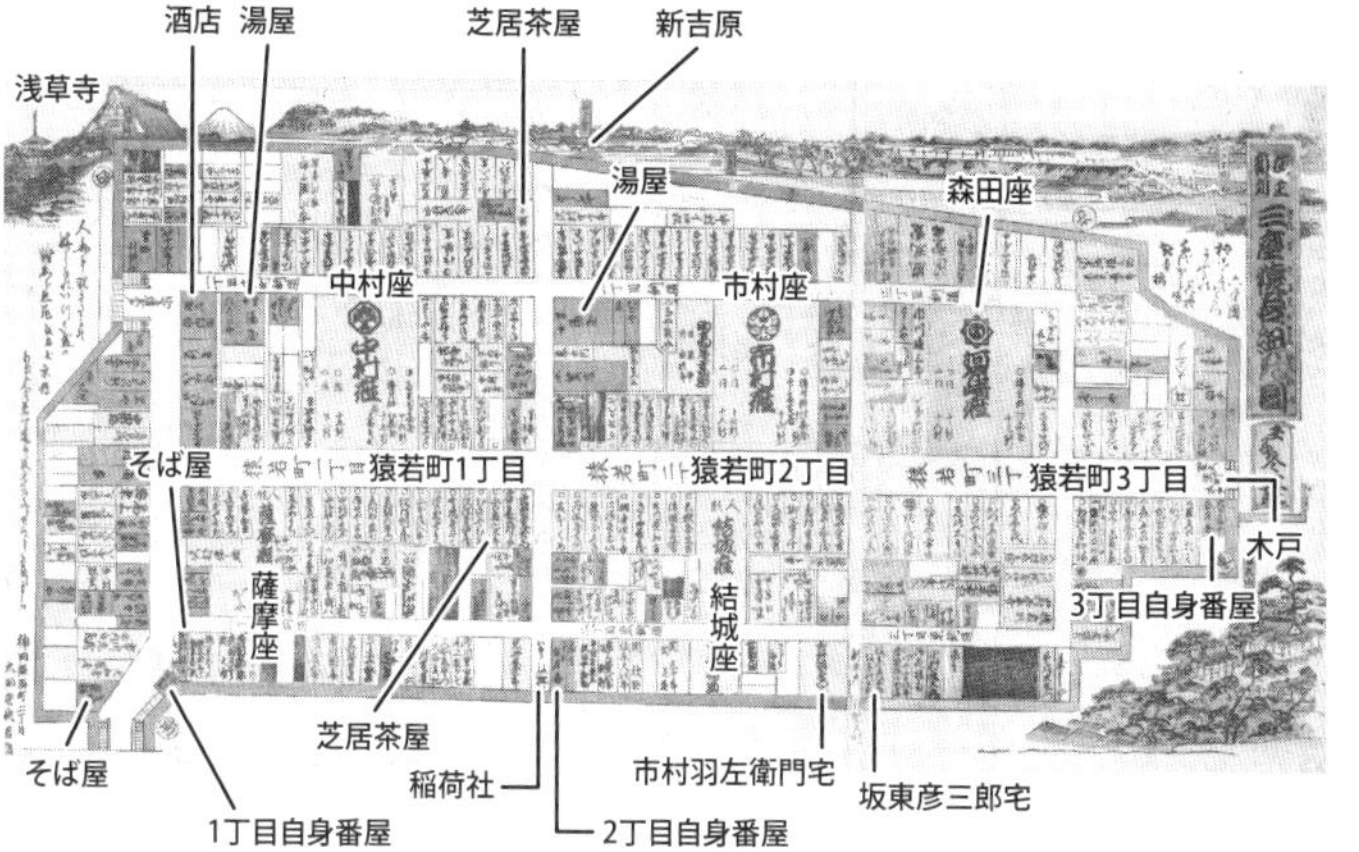

猿若町には歌舞伎小屋や人形浄瑠璃小屋が集められたほか、役者の住居、芝居茶屋なども置かれた（『校正新刻三座猿若細見図』）。

また、舞台の左手一階部分には、羅《ら》漢台《かんだい》（立ち見席）と呼ばれる下級席があった。料金は銭一〇〇文程度（約三〇〇〇円）と安価であり、ここからは役者を後ろから観ることができたため、芝居通は好んでこの席を利用した。

平土間の左右側面には二層からなる桟敷席があった。桟敷席は芝居茶屋を通じてのみ予約できる高級席で、席料は寛政五年の頃で銀三五匁（約六万円）。それに加えて茶屋での食事代、役者へのチップ、敷物代などが発生したため、庶民にとっては贅沢な娯楽であったが、連日、芝居小屋は大盛況であった。

江戸の信仰

「富士塚」に登れば功徳が得られる！江戸市中に築かれたミニ富士山

対象エリア
駒込
白山　ほか

●ミニ富士山の登場

平成二五年（二〇一三）六月、富士山が世界文化遺産に登録された。正式名称は、「富士山―信仰の対象と芸術の源泉」。その名の通り、古来、富士山は神の宿る山として崇められてきた。

古代の人々にとって、富士山は遠くから仰ぎ見て信仰する「遥拝《ようはい》」の対象であった。そこで富士山の麓に建立されたのが、浅間《せんげん》神社である。だが平安時代後期以降、修験道《しゅげんどう》の隆盛に伴って「登拝」の山へと変貌。一六世紀には民間信仰である「富士講」が起こり、一般の人々も信仰のための登山を行なうようになった。

富士講の開祖は長谷川角行《はせがわかくぎょう》という修験者で、その弟子・食行身禄《じきぎょうみろく》によって江戸に知られるようになったと伝わる。享保一八年（一七三三）、折から続く飢饉で困窮した庶民による打ちこわしが起こった（享保の打ちこわし）。この状況下、身禄は庶民を苦しみから救うために富士山に登り、七合五勺の烏帽子岩《えぼしいわ》近くの石室に籠ると、三一日間の断食を行なって

富士山登山のために結成された「富士講」

『滑稽富士詣』に描かれた富士講の様子。講を運営したのは先達・講元・世話人の３役。講員は登山費用を積み立て、交代で富士登拝を行なった。

入定した。その後、身禄の教えはその弟子たちによって江戸市中に広められ、富士講は「江戸八百八講」と謳われるまでに信者数を増やした。

だが、当時の富士山は女人禁制であり、病弱の人や老人など富士山に登ることができない人も大勢いた。そのような人々のために江戸市中に築かれたのが、高さ一〇メートル前後の富士塚である。いわばミニ富士山であり、富士塚を登って下ることで富士山を登ったときと同じ功徳が得られるとされた。

●富士山を模した富士塚

富士塚の特徴は、実際の富士山を模倣した点にある。山体は富士山から運んだ溶岩を積み上げる、もしくは土砂などで築いた築山の表面に富士山の溶岩を配してつくられた。そこに富士山に即した登拝路を設け、山裾には胎内洞窟、五合目には小御嶽《こみたけ》の祠《ほこら》、七合五勺には食行身禄が入定した烏帽子岩を模した岩が置かれ、頂上には浅間神社の祭神・浅間大神を祀った祠が建てられた。

江戸市中にも、駒込や本所、深川、浅草など様々な場所に富士塚が築かれていった。そして毎年旧暦六月一日の富士山山開きの日には多くの人々が富士山の代わりに富士塚詣でを行なうなど、年中行事として定着していったのである。

なお、富士塚が初めて築かれたのは安永八年（一七七九）、高田水稲荷《たかだみずいなり》神社の境内（現・早稲田大学構内）であるといわれる。食行身禄の弟子・高田藤四郎《とうしろう》が富士信仰を広めるために富士山の麓から溶岩の塊を運び、宝泉寺《ほうせんじ》（東京都新宿区西早稲田。江戸時代、高田水稲荷神社の別当だった）領に人造の富士を築いたものである。一説に、古墳の段丘を利用してつくられたといわれる。この富士塚は早稲田大学九号館建設に伴って破壊されてしまったが、その後、現在の水稲荷神社（昭和三八年に西早稲田三丁目の地に移転）の境内で復元されている。

江戸市中に築かれた富士塚

駒込富士神社

元和2年（1616）に本郷から移転。富士塚の頂きに社殿が建立されているのが特徴。毎年山開きの日（7月1日）の前後に例祭が催される。

白山神社

天暦2年（948）の創建と伝わる。境内には文政9年（1826）に築造された富士塚がいまも威容を誇り、文京あじさい祭りの期間中、一般に開放される。

駒込富士神社
駒込天祖神社
駒込富士前町
吉祥寺
現・本駒込駅
南谷寺
（目赤不動）
現・千石駅
白山神社
現・白山駅
富士塚
東都駒込邊繪圖

チェックpoint 富士塚の構造

7合5勺の地点には烏帽子岩が置かれることが多い
富士山同様、塚の頂上には浅間神社奥宮が祀られる
塚は富士山の溶岩で築造
5合目には小御嶽神社を建立

都内最古の富士塚

下写真の鳩森八幡神社内にある富士塚は寛政元年（1789）の築造。現存する富士塚では都内最古。

江戸の行楽

八代将軍がつくり上げた江戸屈指のレジャースポット

対象エリア
飛鳥山
御殿山 ほか

●吉宗が仕立てた娯楽場

四季折々に変化する景色もまた、江戸っ子にとっては欠かすことのできない娯楽だった。春の楽しみといえば、何といっても桜の花見である。

もともと桜の花を愛でて楽しむという風習は平安時代の頃からあったが、このときは貴族の優雅な遊びだった。鎌倉時代になると武家の間で流行したと伝わるが、庶民が花見を楽しむようになったのは江戸時代に入ってからのことであった。

その立役者となったのは、八代将軍・徳川吉宗（在位：一七一六〜四五年）である。隅田川堤に御苑の桜を一〇〇本移植したり、ただの雑木林であった飛鳥山《あすかやま》に一二七〇本もの桜を植樹したり、四代将軍・家綱（在位：一六五一〜八〇年）の時代にすでに一〇〇〇本の桜が移植されていた御殿山《ごてんやま》にさらに六〇〇本の桜を植えるなど、次々と桜の名所を仕立て上げていった。

このとき吉宗は、質素倹約を掲げる「享保の改革（一七一六〜四五年）」を推進してい

飛鳥山は日本橋から2里（約8キロメートル）の場所にあったことから、人々はこぞって桜見物に訪れた（『江戸名所 飛鳥山花見乃図』広重）。

た。歌舞伎や遊廓といった風紀を乱す豪奢な遊びを取り締まる一方で、花見という健全で、かつ健康増進や精神安定に効果的な娯楽場を庶民に新たに提供したのであった。

●花見の手本を示した将軍

吉宗は一方で、桜の名所の周辺に花見客のための飲食店も設置していった。飲食しながら桜を楽しんでほしいという配慮である。

だが、当初はあまり盛況ではなかったようだ。そこで吉宗は飛鳥山に家臣一同を引き連れて行くと、そこで飲めや歌えやの大宴会を行なった。このときばかりは無礼講である。踊る者、歌う者、仮装をする者と、家臣は思いのままに楽しんだと伝わる。将軍自ら花見の「手本」を見せたことで庶民も花見の遊び方を知り、それぞれの名所に行ってはどんちゃん騒ぎを楽しむようになったという。

その後、飛鳥山周辺には料理屋や茶屋などが建ち並ぶようになり、『江戸名所図会』にも「きさらぎ・やよいの頃は桜花爛漫として尋常の観にあらず」「この地の繁華は都下にゆずらず」と謳われるほどの行楽地へと変貌を遂げたのであった。幕末に来日したイギリスの植物学者ロバート・フォーチュンも「王子は日本のリッチモンド（ロンドン郊外の景勝地）である……ここは江戸の善良なる市民たちが遊楽や気晴らしに来るところで、これ以上の娯楽場を探すのは難しいだろう」と述懐している。

こうして吉宗によって江戸市中に広まった花見であったが、一方で、大量の落ち葉の処分という問題を生むことになった。享保二年（一七一七）、隅田川堤近くの長命寺《ちょうめいじ》で門番を務めていた山本新六《やまもとしんろく》は、この落ち葉を何かに使えないものかと思案した。そこで誕生したのが、桜の葉で巻いた桜餅であった。こうして売り出された桜餅はたちまち評判を集め、江戸銘菓の一つになった。江戸風の桜餅を「長命寺」と呼ぶのはこのためである。『兎園《とえん》小説《しょうせつ》』（文政八年に曲亭馬琴《きょくていばきん》らが編んだ随筆集）によると、文政七年（一八二四）の一年間で三八万七五〇〇個も売れたという。

江戸庶民が訪れた主な景勝地

春、桜の花見客が大勢押し寄せた。
春は桜、椿、夏は蓮、つつじ、藤、冬は雪見の名所だった。
春は桜、秋は紅葉の名所でもあった。
春、桜の名所として盛況を誇る。
飛鳥山
夏、つつじの花が鮮やかに咲き誇った。
寛永寺
隅田川
隅田川堤
新吉原
護国寺
墨堤通り
白鬚神社
穴八幡社
亀戸天満宮
神田川
本所
冬の松の名所として賑わう。
両国橋
深川
日本橋
江戸城
富岡八幡宮
溜池
佃島
愛宕山
夏、蓮を見るために多くの江戸っ子が訪れる。
増上寺
春は梅、夏は藤の名所だった。
冬、雪見の名所として人気を博す。
夏、牡丹の名所として栄えた。
目黒不動
御殿山
夏、藤が咲き誇る姿を見るために大勢の人が赴いた。
秋、紅葉の名所として栄えた。
春、江戸有数の桜の名所として賑わう。
春は桜と梅、夏は蓮の名所だった。

江戸の商売

江戸で発展を遂げた大店・三井越後屋の画期的な新商法とは？

対象エリア
日本橋周辺

●三井越後屋の発展

江戸城の膝元に位置し、水陸交通の要衝でもあった日本橋一帯は早くから商業地として発展を遂げた。一七世紀末から一八世紀初頭には、大通り沿いに大店と呼ばれる大規模な商店が建ち並んだ。

江戸時代の大店のほとんどは呉服店である。江戸時代当初、呉服店で販売するような絹織物は武士など上層階級が着用するものだった。だが一七世紀後半になって上層の町人や農民などにも経済的余裕が生まれると、身分に応じた絹織物の着用が許され、それによって呉服店も発展を遂げるようになったのである。

呉服店の中でも、画期的な販売手法で台頭したのが三井越後屋（現在の三越）だった。当時の呉服店では、大名などの得意先に商品を持参して販売する「屋敷売り」、事前に得意先から注文を取り、あとで品物を持参する「見世物商い」というやり方が主流だった。支払いはツケで、盆と暮の年二回、もしくは一二月の年一回、代金を回収した。商品は先渡

駿河町で成功を収めた三井越後屋

三井越後屋
延宝元年（1673）に江戸に進出。当初は日本橋本町にあったが、天和3年（1683）、駿河町に移転した。いまの中央区日本橋室町1～2丁目にあたり、現在も日本橋三越百貨店本店として営業を続けている。
通り町筋
金座
駿河町
現・三越前駅
日本橋

しであったため、代金に手数料を乗せて販売するのが当たり前だった（掛売り）。

だが三井越後屋はこれらの手法をやめ、「店前売り」「現銀（金）掛値なし」と呼ばれる販売方法をとった。店先に商品を陳列して客が自由に選ぶことができるようにするとともに、手数料（掛値）をなくして商品の値段を下げ、現金による取引のみに販売を限定したのである。

手数料がない分、現金売りの利益は少ないが、掛売りとは違って資金の回転が速くなるというメリットがあったため、三井越後屋は従来以上の儲けを出すことに成功。順調に顧客を増やしていき、延享二年（一七四五）には銀一万三八三五貫（約二七七億円）もの年商を上げるまでになった。

●古地図クレジット一覧

第一章

『慶長江戸図』(都立中央図書館特別文庫室蔵)　11
『武州豊嶋郡江戸庄図』(都立中央図書館特別文庫室蔵)　13,39,51,55,71
『江戸城図』(国立国会図書館蔵)　15
『江戸城西丸仮御殿総地絵図』(都立中央図書館特別文庫室蔵)　17
『弘化改正御江戸全図』(国立国会図書館蔵)　19,23,29,47
『新添江戸之図(部分)』(都立中央図書館特別文庫室蔵)　31
『江戸図鑑綱目』(国立国会図書館蔵)　33
『東都下谷絵図』(国立国会図書館蔵)　35
『江戸城御本丸御天守閣外面之図』(都立中央図書館特別文庫室蔵)　39
『旧江戸朱引内図』(東京都立公文書館蔵)　45
『御江戸大名小路絵図』(国立国会図書館蔵)　49
『嘉永新鐫本所絵図』(国立国会図書館蔵)　53
『江戸上水配水図』(練馬区立石神井公園ふるさと文化館)　60
『南小田原町沽券絵図』(国立国会図書館蔵)　65
『品川台場絵図』(都立中央図書館特別文庫室蔵)　69
『品川台場』(都立中央図書館蔵)　69
『安政再版東都番町大絵図』(都立中央図書館特別文庫室蔵)　72

第二章

『弘化改正御江戸全図』(国立国会図書館蔵)　75,81
『御本丸方位絵図』(都立中央図書館特別文庫室蔵)　79
『旧江戸朱引内図』(東京都立公文書館蔵)　83
『増補改正神田浜町日本橋北之図』(国立国会図書館蔵)　87
『新獄屋圖』(国立国会図書館蔵)　87
『増補改正築地八丁堀日本橋南之図』(国立国会図書館蔵)　91
『一話一言』(国立公文書館蔵)　91
『日本橋北内神田両国浜町明細絵図』(国立国会図書館蔵)　95
『改正新刻今戸箕輪浅草絵図』(国立国会図書館蔵)　99
『千駄ヶ谷鮫ヶ橋四ツ谷絵図』(国立国会図書館蔵)　105

第三章

『御本丸中奥絵図』(都立中央図書館特別文庫室蔵)　110
『大江戸御本丸大奥向惣絵図』(都立中央図書館特別文庫室蔵)　114
『嘉永新鐫本所絵図』(国立国会図書館蔵)　117
『江戸御上屋敷絵図』(金沢市立玉川図書館蔵)　119
『江戸城御本丸万延度御普請御殿向表奥惣絵図』(都立中央図書館特別文庫室蔵)　121
『大名小路神田橋内内桜田之図』(国立国会図書館蔵)　125
『町奉行所図』(国立国会図書館蔵)　126
『文久再鐫八町堀霊岸島日本橋南之絵図(部分)』(都立中央図書館特別文庫室蔵)　129,131
『東都浅草絵図』(国立国会図書館蔵)　135

第四章

『増補改正神田浜町日本橋北之図』(国立国会図書館蔵)　141
『増補改正築地八丁堀日本橋南之図』(国立国会図書館蔵)　143
『日本橋北内神田両国浜町明細絵図(部分)』(都立中央図書館特別文庫室蔵)　149,189
『弘化改正御江戸全図』(国立国会図書館蔵)　151,155,159,177,187
『東都駒込辺絵図』(国立国会図書館蔵)　163
『小石川養生所之圖』(都立中央図書館特別文庫室蔵)　163
『東都下谷絵図』(国立国会図書館蔵)　165
『目黒筋御場絵図』(国立公文書館蔵)　168
『改正新刻今戸箕輪浅草絵図』(国立国会図書館蔵)　171
『東都新吉原一覧』(都立中央図書館特別文庫室蔵)　173
『本郷湯島絵図』(国立国会図書館蔵)　175
『校正新刻三座猿若細見図』(都立中央図書館特別文庫室蔵)　179
『東都駒込辺絵図』(国立国会図書館蔵)　183

●主な参考文献

『教科書には出てこない江戸時代』『教科書には書かれていない江戸時代』山本博文（以上、東京書籍）／『江戸に学ぶ日本のかたち』山本博文（NHK出版）／『なるほど！大江戸事典』山本博文（集英社）／『図説大奥の世界』山本博文編著（河出書房新社）／『江戸の広場』吉田伸之、長島弘明、伊藤毅編、『伝統都市・江戸』吉田伸之（以上、東京大学出版会）／『江戸から東京へ』（千代田区教育委員会）／『模型でみる江戸・東京の世界』『図表でみる江戸・東京の世界』（東京都江戸東京博物館）／『決定版江戸散歩』『面白いほどわかる大奥のすべて』山本博文、『江戸文化の見方』竹内誠編、『図説家康の江戸』、『江戸で暮らす。』丹野顯、『首都江戸の誕生』大石学（以上、KADOKAWA）／『徳川「大奥」事典』竹内誠、深井雅海、松尾美恵子編、『江戸を知る事典』加藤貴編、『遺跡が語る東京の歴史』鈴木直人、谷口榮、深澤靖幸編（以上、東京堂出版）『水の都市江戸・東京』陣内秀信＋法政大学陣内研究室編、『鷹と将軍』岡崎寛徳（以上、講談社）／『みる・よむ・あるく東京の歴史4地帯編1』池亨、櫻井良樹ほか編、『事典江戸の暮らしの考古学』古泉弘（以上、吉川弘文館）／『都市江戸に生きる』吉田伸之（岩波書店）／『江戸東京のみかた調べ方』陣内秀信、法政大学東京のまち研究会（鹿島出版会）／『江戸城』深井雅海（中央公論新社）／『21世紀の「江戸」』吉田伸之、『大名屋敷と江戸遺跡』宮崎勝美（以上、山川出版社）／『図説江戸城』平井聖監修、『図説侍入門』、『城と城下町1江戸東京』、『図説江戸4江戸庶民の衣食住』『図説江戸6江戸の旅と交通』『図説江戸7江戸の仕事づくし』竹内誠監修、『図説江戸8大江戸捕物帳』秋山忠彌監修（以上、学研パブリッシング）／『江戸城と将軍』、『完全版江戸の風景』（以上、双葉社）／『地図と写真から見える！江戸・東京歴史を愉しむ！』（西東社）／『江戸早わかり事典』花田富二夫、『ビジュアルワイド江戸時代館』竹内誠監修（以上、小学館）／『図説見取り図でわかる！江戸の暮らし』中江克己（青春出版社）／『歩く観る学ぶ江戸の大名屋敷』原史彦編著、『なぜ地形と地理がわかると江戸時代がこんなに面白くなるのか』大石学編、『大江戸の都市力』『図解大江戸八百八町』（以上、洋泉社）／『江戸・東京の歴史と地理』安藤優一郎、『地図で読み解く江戸・東京の「地形と経済」のしくみ』鈴木浩三（以上、日本実業出版社）／『ビジュアル版江戸の≪新≫常識』安藤優一郎、『江戸・東京通物語』林えり子（以上、SBクリエイティブ）／『大江戸まるわかり事典』大石学編（時事通信社）／『変貌する東京歴史マップ』古泉弘、岡村道雄監修（宝島社）／『幕末のお江戸を時代考証！』山田順子（KKベストセラーズ）／『江戸のなりたち1』『江戸のなりたち3』追川吉生（新泉社）／『お江戸八百八町三百六十五日』山田順子（実業之日本社）／『東京人2013年8月号』『東京人2016年4月号』『東京人2016年7月増刊』『東京人2017年6月号』（以上、都市出版）／『えどちりクエスチョン其の一』『えどちりクエスチョン其の二』鈴木理生（人文社）／『江戸の都市力』鈴木浩三（筑摩書房）／近世首都論』大石学編（岩田書院）／『江戸の不動産』安藤優一郎（文藝春秋）／『江戸→TOKYOなりたちの教科書』岡本哲志（淡交社）／『江戸東京の下町と考古学』谷口榮（雄山閣）

監修者

山本博文　（やまもと・ひろふみ）

1957年、岡山県生まれ。東京大学文学部国史学科卒業。同大学院人文科学研究科修士課程修了。文学博士。東京大学史料編纂所教授。1992年、『江戸お留守居役の日記』（読売新聞社、のち講談社学術文庫）で第40回日本エッセイスト・クラブ賞を受賞。主な著書に『「忠臣蔵」の決算書』『歴史をつかむ技法』（新潮社）、『これが本当の「忠臣蔵」』（小学館）、『東大教授の「忠臣蔵」講義』『流れをつかむ日本史』（KADOKAWA）、『東大流 教養としての戦国・江戸講義』（PHP研究所）、『東大流「元号」でつかむ日本史』（河出書房新社）など多数。また、NHK Eテレ『知恵泉』『ラジオ深夜便』などに多数出演。NHKBS時代劇『雲霧仁左衛門』などの時代考証も担当。

カバーデザイン／杉本欣右
本文デザイン／千秋社（大槻浩之）
編集協力／オフィス・エス（笹島 浩）

※本書は小社刊『古地図で大江戸おさんぽマップ』を加筆・再編集したものです。

じっぴコンパクト新書　373

古地図《こちず》でわかる！
大江戸《おおえど》 まちづくりの不思議《ふしぎ》と謎《なぞ》

2020年2月5日　初版第1刷発行

監修者……………山本博文
発行者……………岩野裕一
発行所……………株式会社実業之日本社
〒107-0062 東京都港区南青山5-4-30
CoSTUME NATIONAL Aoyama Complex 2F
電話（編集）03-6809-0452
　　（販売）03-6809-0495
https://www.j-n.co.jp/
DTP……………株式会社千秋社
印刷・製本…………大日本印刷株式会社

ISBN978-4-408-33902-3（第一趣味）